智慧船闸

主　编　张加雪　钱　江
副主编　张桂荣　杨　正

东南大学出版社
·南京·

内容简介

《智慧船闸》是一部对船闸智慧建设进行总结探索的著作。

该著作系统阐述了智慧船闸的理论,力求建设较为完善的智慧船闸系统,全书围绕"智慧船闸"主题,从理论和应用两方面对智慧船闸进行剖析,分为理论篇与案例篇,共10章,涵盖了智慧船闸完整的框架建设体系以及各地区的成熟的船闸智慧建设案例,对智慧船闸的建设、管理及发展等工作进行了比较系统、全面的编述,认真探索了智慧船闸发展的规律及经验,对我国现代化船闸的规划与建设具有积极推动作用。

该书适用对象包括船闸建设管理及相关行业从业人员、高等学校相关专业师生等,是一本对船闸科学管理和现代化建设具有重要意义的参考书。

图书在版编目(CIP)数据

智慧船闸 / 张加雪,钱江主编. — 南京:东南大学出版社,2018.12
 ISBN 978-7-5641-8191-8

Ⅰ.①智… Ⅱ.①张… ②钱… Ⅲ.①信息技术—应用—船闸—建设 Ⅳ.①U641-39

中国版本图书馆 CIP 数据核字(2018)第 291887 号

智慧船闸 ZHIHUI CHUANZHA

主　　编	张加雪　钱江
出版发行	东南大学出版社
社　　址	南京市玄武区四牌楼 2 号(210096)
网　　址	http://www.seupress.com
出 版 人	江建中
责任编辑	丁志星
经　　销	全国各地新华书店
印　　刷	南京玉河印刷厂
开　　本	700mm×1000mm　1/16
印　　张	12.75
字　　数	230 千字
版　　次	2018 年 12 月第 1 版
印　　次	2018 年 12 月第 1 次印刷
书　　号	ISBN 978-7-5641-8191-8
定　　价	55.00 元

东大版图书若有印装质量问题,请直接与营销中心联系。电话(传真):025-83791830。

《智慧船闸》编者名单

主　　编：张加雪　钱　江
副 主 编：张桂荣　杨　正
编写人员：姚　江　　季建中　　何　平　　顾宋华
　　　　　欧阳文全　翁庆龙　　王为攀　　朱增伟
　　　　　杜晓啸　　张　琳　　王元智　　乔　旭
　　　　　赵林章　　李　翔　　邱建龙　　陈志宏
　　　　　王　文　　李　频　　林盛梅　　张于华
　　　　　唐　隽　　杨艳慧　　谢瑞敏　　董　莹
　　　　　印庭宇　　汪　乾　　申玉琴

序

水运能耗少，运量大，环境污染小，是比较经济的运输方式，同时具有符合时代发展要求的低碳、绿色理念。船闸作为通航建筑物的主要形式，其作用在于帮助船舶克服水利枢纽上下游集中水位的落差，以达到船舶顺利通行的目的，在水运中起到极其关键的作用。

自21世纪以来，我国水运有了蓬勃的发展，航道建设亦取得了重大成就，船舶大型化趋势加快，给现有船闸的通航带来了巨大压力，新建船闸虽是提升通航运力最直接有效的办法，然受国土资源紧张等因素制约无法广泛实施。因此，提升现有船闸通航效率成为促进内河水运体系发展的有效途径。

智慧船闸建设坚持以人为本、可持续发展的理念，以提升船员与船闸工作人员智能交互水平，提高船闸通航效率为目的。智慧船闸是运用移动互联网、云计算、大数据、物联网等丰富的信息化技术手段，以更准确的信息在有限的时间、空间内建设人性化、智能化的动态服务体系。

构建智慧船闸不仅可以提高船闸的管理水平和运行效率，减少船闸事故，降低环境污染，还能在很大程度上促进业务流程的优化，提升船闸服务水平，为船舶提供高效、便捷、优质的过闸服务。

本书从理论和应用两方面对智慧船闸进行剖析，涵盖了智慧船闸完整的框架建设体系以及各地区成熟的智慧船闸建设案例，选材得当，内容深入浅出，系统性好，符合现代水运建设的需要，是一本对船闸科学管理和现代化建设具有重要意义的参考书，本书的面世必将对船闸现代化管理起到重要的引导作用。

全国水运工程勘察设计大师

前　言

我国幅员辽阔，河流众多，水量丰富，具有发展水运的优越条件。船闸作为水运关键性节点工程，其运行状态体现该地区水路运输发展水平，航运能力的高低直接制约着水运效益和经济运行成本。

我国在船闸建设上已经取得了巨大成就。中国是历史上最早建造船闸的国家，公元前214年所兴建的灵渠上的陡门就体现了先贤们的智慧。进入21世纪后，中国人更是建造了拥有"世界之最"之称的三峡船闸。当前，我国已有船闸近千座，在国民经济的飞速发展中发挥着巨大作用。

现代科学信息技术飞跃发展的同时，也对现有船闸设施提出了更高的要求。虽然近年来干线船闸的扩容改造速度有所加快，但船闸的建设速度远远跟不上航运事业迅猛发展的需求，成为航道运输的瓶颈。因此，充分利用科学技术成果，注入现代化的新思维，提高船闸通过能力，提供安全、高效、优质的通航服务，降低通航成本，提升通航体验，成为船闸运行管理从业人员的共同任务。

智慧船闸建设就是在现有船闸工程的基础上植入智慧理念，通过分析测控、内控、调度、安全、稽查、应急等各管理环节的业务特点和现状，充分运用移动互联网、云计算、大数据、物联网等技术手段，实现船闸工程的数据采集和控制自动化、运行管理规范化和网络化、分析处理智能化、调度决策科学化。

本书系统阐述了智慧船闸的理论，力求建设较为完善的智慧船闸系统，同时包含大量丰富的智慧船闸建设的案例，全书分为理论篇与案例篇，共10章，具体安排如下：

(1) 理论篇

本篇包括第1~4章，第1章主要介绍了船闸的概念及我国船闸的发展现状和面临的挑战，引出第2章智慧船闸的概念；第2章通过阐述智慧船闸的基本理念及其构成要素、建设标准及评级体系，构建了本书的理论框架；第3章从建设层面对智慧船闸的实施内容进行了梳理，包括船闸集中监控、智慧收费、智慧内控、智慧调度、智慧安全、智慧稽查、智慧养护和智慧应急；第4章介绍包括物联网技术、云计算技术、建筑信息化模型(BIM)技术、人工智能技术和视频与图像分析技术在内的新一代信息技术，并对新技术在智慧船闸中的应用展望做出了设想。

（2）案例篇

本篇包括第 5～10 章，分别选取了国内在智慧内控、智慧收费与智慧调度、智慧安全、智慧稽查、智慧养护和智慧应急 6 个船闸智慧建设内容上较为成熟的案例进行逐一剖析，展现智慧船闸建设的成果与经验。

《智慧船闸》作为国内首部以理论结合案例分析的船闸技术著作，在理论的阐述、技术的介绍、案例的选取上都进行了精心编排，希望本书的出版对我国现代化船闸的规划与建设起到积极推动作用，也希望读者能在阅读中感受到科学技术发展的日新月异，对未来的"智慧生活"充满期待。

实者重行，虚者在言。在此，对推进此次书稿编写与出版的各位学者、专家和同仁们致以最诚挚的谢意，是他们在编审过程中细致严谨、无私奉献、不辞辛劳和精益求精的态度才使得书稿能按计划出版，同时也充分体现了中国科研工作者和出版工作者的良好美德。感谢长江三峡通航管理局、京杭运河江苏省交通运输厅苏北航务管理处等单位对本书编写提供的大力支持。感谢全国水运工程勘察设计大师王仙美女士为本书作序。船闸管理形式多样，内容宽泛，科技发展日新月异，由于编者水平有限，书中缺点错误在所难免，敬请广大读者与专家提出宝贵意见，以便日后再版时不断改正与完善。

目 录

理 论 篇

第1章 绪论 ·········· 003
1.1 船闸简介 ·········· 003
1.1.1 船闸的概念 ·········· 003
1.1.2 船闸的组成 ·········· 004
1.1.3 船闸的类型 ·········· 005
1.1.4 船闸运营管理 ·········· 008
1.1.5 船闸运管岗位 ·········· 010
1.2 我国船闸的发展现状 ·········· 011
1.2.1 工程建设现状 ·········· 011
1.2.2 运营管理现状 ·········· 012
1.3 我国船闸发展面临的挑战 ·········· 015
1.4 我国船闸发展的对策 ·········· 015

第2章 智慧船闸理念 ·········· 017
2.1 概念及特点 ·········· 017
2.1.1 概念 ·········· 017
2.1.2 特点 ·········· 018
2.2 发展现状 ·········· 020
2.2.1 智慧船闸发展的迫切性及意义 ·········· 020
2.2.2 智慧船闸是船闸发展的高级阶段 ·········· 020
2.2.3 智慧船闸是船闸营运阶段提高通过能力的突破口 ·········· 021
2.2.4 我国智慧船闸的相关政策及发展趋势 ·········· 021
2.3 智慧船闸设想 ·········· 022
2.4 总体架构 ·········· 023

2.5 分层模型 …………………………………………………………………… 024
　　2.5.1 感知层 …………………………………………………………… 025
　　2.5.2 传输层 …………………………………………………………… 028
　　2.5.3 数据层 …………………………………………………………… 030
　　2.5.4 智慧层 …………………………………………………………… 031
　　2.5.5 展示层 …………………………………………………………… 032
　　2.5.6 用户层 …………………………………………………………… 034
2.6 建设标准及原则 …………………………………………………………… 034
　　2.6.1 政策法规与标准规范体系 ………………………………………… 034
　　2.6.2 安全保障体系 ……………………………………………………… 035
　　2.6.3 建设原则 …………………………………………………………… 036
2.7 评价体系 …………………………………………………………………… 036
　　2.7.1 评价指标体系的选取原则 ………………………………………… 037
　　2.7.2 综合评价指标体系的建立 ………………………………………… 038
　　2.7.3 智慧船闸评价指标体系 …………………………………………… 039

第3章 智慧船闸建设内容 …………………………………………………… 042

3.1 船闸集中监控系统 ………………………………………………………… 042
　　3.1.1 业务及现状介绍 …………………………………………………… 042
　　3.1.2 技术实现探讨 ……………………………………………………… 044
3.2 智慧收费系统 ……………………………………………………………… 045
　　3.2.1 业务及现状介绍 …………………………………………………… 045
　　3.2.2 技术实现探讨 ……………………………………………………… 046
3.3 智慧内控系统 ……………………………………………………………… 047
　　3.3.1 业务及现状介绍 …………………………………………………… 047
　　3.3.2 需求分析 …………………………………………………………… 050
　　3.3.3 技术实现探讨 ……………………………………………………… 050
3.4 智慧调度系统 ……………………………………………………………… 052
　　3.4.1 业务及现状介绍 …………………………………………………… 052
　　3.4.2 技术实现探讨 ……………………………………………………… 053
3.5 智慧安全系统 ……………………………………………………………… 055
　　3.5.1 业务及现状介绍 …………………………………………………… 055
　　3.5.2 业务流程设计 ……………………………………………………… 056
　　3.5.3 技术实现探讨 ……………………………………………………… 058

3.6 智慧稽查系统 …………………………………………………… 059
　　3.6.1 业务及现状介绍 ………………………………………… 059
　　3.6.2 需求分析 ………………………………………………… 064
　　3.6.3 技术实现探讨 …………………………………………… 064
3.7 智慧养护系统 …………………………………………………… 069
　　3.7.1 业务及现状介绍 ………………………………………… 069
　　3.7.2 需求分析 ………………………………………………… 070
　　3.7.3 业务流程设计 …………………………………………… 073
　　3.7.4 技术实现探讨 …………………………………………… 073
3.8 智慧应急系统 …………………………………………………… 077
　　3.8.1 业务及现状介绍 ………………………………………… 077
　　3.8.2 需求分析 ………………………………………………… 079
　　3.8.3 技术实现探讨 …………………………………………… 080

第4章 新技术在智慧船闸中的应用及展望 …………………………… 083
4.1 物联网技术 ……………………………………………………… 083
　　4.1.1 概述 ……………………………………………………… 083
　　4.1.2 物联网技术应用现状 …………………………………… 083
　　4.1.3 物联网技术在智慧船闸中的应用展望 ………………… 085
4.2 云计算技术 ……………………………………………………… 085
　　4.2.1 概述 ……………………………………………………… 085
　　4.2.2 云计算系统 ……………………………………………… 087
　　4.2.3 云计算技术应用现状 …………………………………… 089
　　4.2.4 云计算技术在智慧船闸中的应用展望 ………………… 089
4.3 建筑信息化模型(BIM)技术 …………………………………… 090
　　4.3.1 概述 ……………………………………………………… 090
　　4.3.2 BIM技术应用现状 ……………………………………… 090
　　4.3.3 BIM技术在智慧船闸中的应用展望 …………………… 096
4.4 人工智能技术 …………………………………………………… 098
　　4.4.1 概述 ……………………………………………………… 098
　　4.4.2 人工智能技术应用现状 ………………………………… 098
　　4.4.3 人工智能技术在智慧船闸中的应用设想 ……………… 099
4.5 视频与图像分析技术 …………………………………………… 100
　　4.5.1 概述 ……………………………………………………… 100

4.5.2　数字图像处理技术理论 …… 100
  4.5.3　视频与图像分析技术应用现状 …… 100
  4.5.4　智慧船闸应用设想 …… 104

案 例 篇

第5章　智慧内控案例 …… 107
5.1　江苏高港船闸协同办公系统 …… 107
  5.1.1　建设背景 …… 107
  5.1.2　系统架构及功能 …… 107
  5.1.3　系统特色 …… 110
5.2　苏北航务处协同办公平台 …… 111
  5.2.1　建设背景 …… 111
  5.2.2　系统架构及功能 …… 111
  5.2.3　系统特色 …… 113
5.3　三峡通航管理局综合管理信息系统 …… 114
  5.3.1　建设背景 …… 114
  5.3.2　系统功能 …… 114
  5.3.3　系统特色 …… 115

第6章　智慧收费与智慧调度案例 …… 117
6.1　江苏高港船闸电子收费信息系统 …… 117
  6.1.1　建设背景 …… 117
  6.1.2　系统架构及功能 …… 117
  6.1.3　系统特色 …… 122
6.2　三峡、葛洲坝联合调度系统 …… 123
  6.2.1　建设背景 …… 123
  6.2.2　系统功能 …… 124
  6.2.3　系统特色 …… 128
6.3　苏北运河船闸智能调度系统 …… 128
  6.3.1　建设背景 …… 128
  6.3.2　系统架构 …… 129
  6.3.3　系统功能及特点 …… 131
6.4　广西右江鱼梁船闸调度管理系统 …… 132

  6.4.1 建设背景 …………………………………………………… 132
  6.4.2 系统架构 …………………………………………………… 132
  6.4.3 系统功能 …………………………………………………… 134
 6.5 广东清远水利枢纽船闸调度系统 ……………………………… 135
  6.5.1 建设背景 …………………………………………………… 135
  6.5.2 系统功能 …………………………………………………… 136
  6.5.3 系统特色 …………………………………………………… 140

第7章 智慧安全案例 …………………………………………………… 142
 7.1 江苏高港船闸船舶超高检测系统 ……………………………… 142
  7.1.1 建设背景 …………………………………………………… 142
  7.1.2 系统架构及功能 …………………………………………… 142
  7.1.3 系统特色 …………………………………………………… 143
 7.2 江苏宿迁船闸视频与控制联动系统 …………………………… 143
  7.2.1 建设背景 …………………………………………………… 143
  7.2.2 系统架构及功能 …………………………………………… 144
  7.2.3 系统特色 …………………………………………………… 146
 7.3 江苏淮安船闸船舶超闸室安全警戒线报警系统 ……………… 146
  7.3.1 建设背景 …………………………………………………… 146
  7.3.2 系统架构及功能 …………………………………………… 147
  7.3.3 系统特色 …………………………………………………… 149
 7.4 三峡船闸安全监测自动化系统 ………………………………… 149
  7.4.1 建设背景 …………………………………………………… 149
  7.4.2 系统架构及功能 …………………………………………… 150
  7.4.3 系统特色 …………………………………………………… 151

第8章 智慧稽查案例 …………………………………………………… 152
 8.1 江苏高港船闸智慧稽查系统 …………………………………… 152
  8.1.1 建设背景 …………………………………………………… 152
  8.1.2 系统架构及功能 …………………………………………… 153
  8.1.3 系统特色 …………………………………………………… 161
 8.2 苏北运河船舶吃水稽查系统 …………………………………… 161
  8.2.1 建设背景 …………………………………………………… 161
  8.2.2 硬件框架 …………………………………………………… 162

  8.2.3 测量效果分析 ·········· 163
 8.3 三峡船闸过闸船舶吃水自动检测装置 ·········· 163
  8.3.1 建设背景 ·········· 163
  8.3.2 硬件设计 ·········· 164
  8.3.3 信息采集及传输的方式选择 ·········· 164
  8.3.4 数据处理软件开发 ·········· 165
  8.3.5 系统存在的局限性及对策 ·········· 165

第9章 智慧养护案例 ·········· 166
 9.1 江苏高港船闸二维码巡检系统 ·········· 166
  9.1.1 系统概述 ·········· 166
  9.1.2 系统功能 ·········· 166
 9.2 江苏徐州市船闸运行养护管理信息系统 ·········· 167
  9.2.1 系统概述 ·········· 168
  9.2.2 系统组成 ·········· 169
  9.2.3 小结 ·········· 171
 9.3 江苏刘老涧船闸 VFP 数据库船闸养护系统 ·········· 171
  9.3.1 系统概述 ·········· 171
  9.3.2 系统组成 ·········· 172
  9.3.3 小结 ·········· 174
 9.4 福建水口船闸条形码巡检系统 ·········· 174
  9.4.1 系统概述 ·········· 175
  9.4.2 系统组成 ·········· 175
  9.4.3 系统安装与使用 ·········· 176
  9.4.4 小结 ·········· 177

第10章 智慧应急案例 ·········· 178
 10.1 苏北运河船闸机电应急保障系统 ·········· 178
  10.1.1 建设背景 ·········· 178
  10.1.2 系统架构及流程 ·········· 178
  10.1.3 邵伯船闸应急控制系统 ·········· 180
  10.1.4 系统实施效果 ·········· 181
 10.2 三峡船闸应急控制系统 ·········· 182
  10.2.1 建设背景 ·········· 182

10.2.2 系统架构 …………………………………………… 182
10.2.3 系统内容 …………………………………………… 182
10.2.4 系统总结与展望 …………………………………… 185

参考文献 ……………………………………………………… 186

理论篇

第 1 章 绪 论

1.1 船闸简介

1.1.1 船闸的概念

我国有着丰富的水资源,根据全国第一次水利普查统计显示,我国流域面积超过 100 km² 的河流有 2.29 万条,常年水面面积超过 1 km² 的湖泊有 2 865 个。除少数地区河流外,多数河流终年不冻,具有发展水路运输的天然优越条件。

综合利用水利资源是我国水利建设的基本原则。中华人民共和国成立后,为满足防洪、发电、灌溉、航运、排涝的需要,国家疏浚、整治和渠化了大量天然河道,通过开挖运河方式沟通互不连通的河流,并在河流上修建了一系列拦河闸坝来改善上游的通航条件。同时为保证航运畅通,在水利枢纽建设中修建符合航运要求的通航建筑物,帮助船舶克服枢纽上下游的集中水位落差。

船闸(图 1-1)是利用水力将船舶浮送过坝的一种通航建筑物。船闸的技术成熟,工作稳定,运行维护方便,通过能力大,应用最为广泛,是通航建筑物的主要形式。

图 1-1 船闸

当船舶从下游通过船闸至上游时,其过闸作业流程为:船舶由下游引航道驶入闸室;关闭下闸首工作闸门;由上游输水系统向闸室内灌水,船舶随着闸室水面一起上升;待闸室水面与上游水位齐平后,开启上闸首闸门;船舶由闸室驶向上游。当上游船舶要通过船闸到下游时,其过闸作业流程与上述过程相反[1]。

1.1.2 船闸的组成

船闸主要由闸首、闸室、输水系统、引航道、导航建筑物、靠船建筑物等组成(图1-2)。其主体部分主要由闸室、闸首和引航道组成。部分船闸还包括前港和远方调度站等。

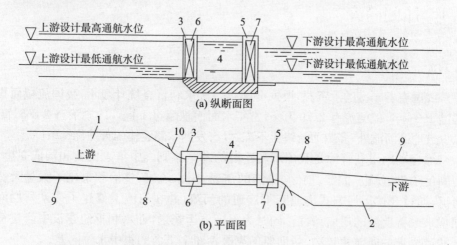

(c)船闸鸟瞰图(泰州引江河高港船闸)

图1-2 船闸组成

1—上游引航道;2—下游引航道;3—上闸首;4—闸室;5—下闸首;6—上闸门;
7—下闸门;8—主导航建筑物;9—靠船建筑物;10—辅导航建筑物

闸首是挡水建筑物,由两侧边墩和闸门构成。闸首内通常设有闸、阀门及其启闭机械,采用头部输水系统的船闸,在闸首内设有灌水、泄水系统。

闸室是由上、下闸首和两侧闸墙围成的厢形空间,因形似无盖的长方形厢,故又称闸厢,供过闸船舶安全停泊、升降和通过之用。

引航道是连接闸首与上下游航道的一段限制性航道,供过闸船舶停泊系靠、调顺、会让和安全通畅进出闸室之用。与上闸首相接的称上游引航道,与下闸首相接的称下游引航道。在引航道内设有导航建筑物和靠船建筑物。

1.1.3 船闸的类型

按照船闸不同的特征可以将其分为不同的类型。本节只讨论按船闸级数、通航线路数量和其他特点进行划分的分类[2-3]。

1) 按照船闸的级数分类

按照船闸纵向相邻闸室的数目,可将船闸分为单级船闸和多级船闸。其中多级船闸又可分为连续多级船闸和设中间渠道的多级船闸。

(1) 单级船闸

单级船闸又称单室船闸,是国内外广泛采用的船闸形式。采用这种船闸,船舶能一次克服上、下游水位全部落差,我国已建成的900多座船闸中,绝大多数为单级船闸。

(2) 多级船闸

纵向相邻闸室数目为两个或两个以上的船闸称为多级船闸,如图1-3所示。当水头较高或受地形、地质等技术经济条件限制,采用单级船闸不能满足要求时,须考虑建多级船闸。

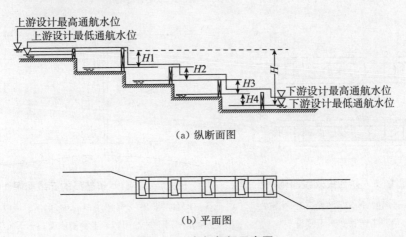

(a) 纵断面图

(b) 平面图

图1-3 多级船闸示意图

(3) 设中间渠道的多级船闸

根据船闸运行的需要和地形、地质等条件,在纵向两个闸室或多个闸室之间设立可供错船会让的中间渠道,这种类型的船闸称为设中间渠道的多级船闸,如图1-4所示,中间渠道数为船闸级数减1。

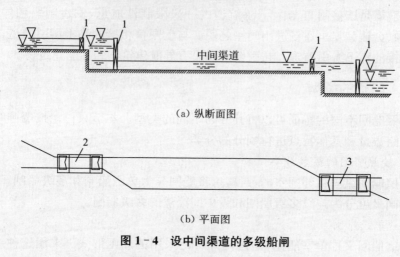

图1-4 设中间渠道的多级船闸

1—闸门;2—第一级船闸;3—第二级船闸

2) 按照船闸通航线数分类

按船闸横向相邻闸室数目不同,可将船闸分为单线船闸和多线船闸。单线船闸是指在一个枢纽中只有一条通航线路的船闸,多线船闸是指在一个枢纽内建有两条及两条以上通航线路的船闸。如图1-5的并列式双线船闸、图1-6的有两条航线的多线船闸和图1-7的双线多级船闸等。

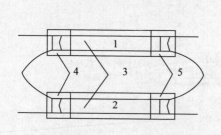

图1-5 并列式双线船闸

1—1号船闸;2—2号船闸;3—闸室;
4—上闸首;5—下闸首

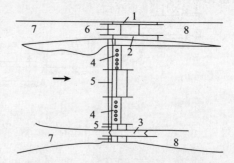

图1-6 有两条航线的三线船闸

1—1号船闸;2—2号船闸;3—3号船闸;4—电站;
5—泄水闸;6—冲沙闸;7—上游引航道;8—下游引航道

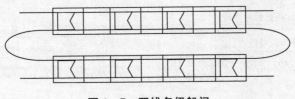

图 1-7 双线多级船闸

3)按船闸其他特点分类

(1) 井式船闸

当水头较高且地基良好时,为减小下闸首工作闸门的高度,在下闸首工作闸门的上部建一道横跨闸首的胸墙,与下闸门共同挡水,胸墙下缘满足通航净空要求。单级船闸和多级船闸均可采用井式船闸,如图 1-8。

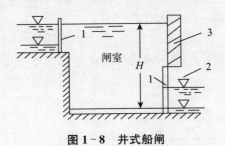

图 1-8 井式船闸

1—闸门;2—通航孔道;3—胸墙;H—水头

(2) 广室船闸

闸室宽度大于闸首口门宽度的船闸称为广室船闸,如图 1-9,分闸室向两侧拓宽和向一侧拓宽两种,一般只在Ⅳ级以下航道才采用。

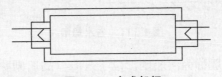

图 1-9 广式船闸

(3) 带中间闸首船闸

当过闸船舶种类较多、尺寸又相差较大时,为缩短船舶过闸时间和减少耗水量,在闸室中设立中间闸首,将闸室分为两段,称为有中间闸首的单级船闸,如图 1-10。船舶过闸时,根据船舶长度的需要使用闸室的一段或两段:使用一段时,中间闸首起挡水作用,另一段闸室作为引航道;使用两段时,中间闸首则是闸室长度的一部分。

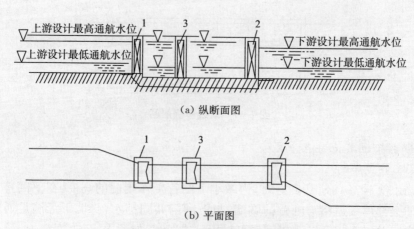

(a) 纵断面图

(b) 平面图

图 1-10　有中间闸首的单级船闸

1—上闸首；2—下闸首；3—中闸首

（4）省水船闸

为节省用水量，在闸室的一侧或两侧设置贮水池的船闸称为省水船闸，如图 1-11 所示。

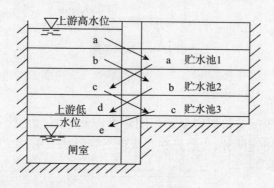

图 1-11　省水船闸

上述各类船闸一般称为河船闸。位于入海口的船闸称海船闸，包括按通行海轮设计的通海运河船闸等。

1.1.4　船闸运营管理

船闸运营期是船闸全生命周期中最持久的阶段，主要任务包括船闸的运行管理和维修养护管理两个方面。

所谓船闸运行管理，是指对船舶从来闸报到到船舶出闸整个过程实施科学、合理的安排，包括对船舶实施管制、安排船舶登记缴费、安排船舶分队待闸、确定过闸船舶组合、安排船舶进闸、安排船舶出闸等,目的在于减少船舶过闸时间、提高船闸过闸吨位、保障船闸及船舶安全、为船员提供方便快捷的过闸服务[4]。船闸运行管理流程如图1-12。调度船舶过闸,需要船闸的多个岗位共同协作,主要包括上下游登记、售票、调度、闸口管理等岗位。这些岗位一般分散在船闸上下游两三公里范围内,目前普遍采用基于计算机网络进行串联管理,在现代化网络办公环境下进行。

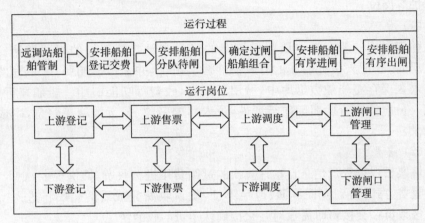

图1-12 船闸运行管理流程图

船闸维修养护是针对船闸各部位在检查中发现的缺陷和问题,随时进行保养和局部修复,以保持船闸设施完好。船闸维修养护(见表1-1)分保养和检修两部分,其中保养工作包括例行保养、定期保养、专业保养、年度检查和专业检测,检修可根据检修程度的不同分为大修、中修和小修。

表1-1 船闸维修养护

分类	内容
保养	例行保养
	定期保养
	专业保养
	年度检查
	专业检测
检修	大修
	中修
	小修

1.1.5　船闸运管岗位

船闸运管岗位工作人员的主要任务就是要完成船闸运行管理和维修养护管理等工作。一些船闸采用自动报港、联网收费、监控、航闸智能运行以及过闸船舶抓拍等系统对船闸运行控制、船舶过闸服务等进行一体化管理，不同船闸运管岗位的设置略有不同，一般包括登记、售票、闸口指挥、调度、航管稽征、机电养护等岗位。

（1）登记

登记岗位一般有新注册船舶档案的建立和已建档船舶的来船登记。新船注册时，登记人员凭船舶的有效证件据实填写，并上传船舶照片，填写的信息将永久保存至船舶数据库中，可用于登记、收费等功能引用。船舶登记时，登记人员应认真查验船舶航行证件，录入船舶名称、载货类型等信息，生成登记记录。

（2）售票

售票员根据登记信息自动计算出的过闸费用进行收费，提供现金、刷卡、网银等收费方式，做到应征不漏、应免不征，确认收费完成后的船舶将进入待闸库。售票员在交接班时需核对并交接确认本班的收缴情况。

（3）闸口指挥

闸口指挥需做好进出闸船舶的秩序管理和核查，熟练掌握闸阀门、启闭机手动操作程序，正确进行操作，认真做好闸室涨落水时的安全宣传和检查工作，在遇有突发异常情况时，能果断采取措施防止事故发生或扩大。

（4）调度

负责根据船闸的调度原则生成闸次，尽量提高闸室利用率，并将调度信息发送给相关船舶和对应闸口指挥，做好放行情况的监督检查和协调。

（5）航管稽征

航管稽征做好上下游引航道的管理，驱离未经调度提前停靠的船舶，确保航道畅通，在船舶进闸前进行稽核，查验船舶身份、登记信息、准载吨位、货种、是否超载或超吃水深度等等。

（6）机电养护

机电养护保证船闸机电设备、自动化系统、闸阀门、广播、通信、照明设施处于良好的技术状态，负责工程设备的维修养护工作，发现问题及时处理，为船闸的安全畅通提供应急保障。

1.2 我国船闸的发展现状

1.2.1 工程建设现状

我国是世界上最早利用水运、修建船闸的国家。公元前214年,秦始皇命人在广西开凿灵渠,修建陡门。陡门即闸门,是船闸的雏形。公元825年,李渤主持整修沟通湘江和漓江的灵渠时,创建陡门36座。

新中国成立后,船闸建设步伐明显加快(见图1-13)。以江苏为例,1953年和1957年兴建江阴、宿迁千吨级船闸,开始了对古老的大运河的部分恢复和扩建工作;1960—1961年建成施桥、邵伯、淮安、淮阴、泗阳、刘山、解台、微山8座2 000 t级船闸;此后又于60年代末到70年代建成谏壁、刘老涧、皂河3座2 000 t级船闸。到1978年止京杭运河已建成船闸26座,目前苏北段复线、三线船闸建设也已完成,进一步扩大了运河过船能力。

1959—1962年湖南建成我国设计水头最高(43 m)的潇水双牌船闸和水头28 m的水府庙船闸(均为设中间渠道的两级船闸),及设计水头38 m的洒埠江船闸(两级船闸);1965年广西建成设计水头21.7 m、1 000 t级的连续两级西津船闸;1961年安徽建成1 000 t级的淮河蚌埠船闸,1963—1969年建成1 000 t级的裕溪河巢湖船闸和裕溪口船闸;1962—1975年广东连江建成界滩等11座船闸;1960—1966年四川建成渠江南阳滩等3座船闸,1970年建成设计水头19 m的富春江七里垄船闸。这些船闸的建成和运用,积累和丰富了船闸规划、设计、施工、运行管理的经验和水平,锻炼和壮大了队伍,使我国具备了建设运河、渠化河流、水利枢纽中高水头大型船闸的技术水平和力量。

1970年12月26日开工的长江葛洲坝水利枢纽,设有大江、三江2条航线3座船闸,大江1号和三江2号船闸有效长度为280 m、宽度为34 m,设计水头27.5 m和27 m,是当时我国最大的船闸。1981年6月15日三江2、3号船闸建成通航,标志我国船闸建筑技术达到国际水平。

1988年建成的赣江万安船闸,单级水头达32.6 m,我国已建成单级水头大于20 m的高水头船闸9座,约占全世界单级水头20 m以上的高水头船闸的1/4,居世界第二位。

1999年建成的江苏泰州高港一线船闸[5],长196 m,宽16 m,坎上水深3.5 m。2015年建成的高港二线船闸,长230 m,宽23 m,坎上水深4.5 m,在该船闸的建设过程中取得了众多创新成果[6]:基础施工护壁泥浆的回收和再利用、顶部空打地连墙施工的改进和探索三角门空间结构应力计算研究、高挡土板桩墙整体分析模型与验证等。

2007年建成的长江三峡船闸,总水头113 m,上下级之间最大水头45.2 m,是一座高水头双线五级连续船闸,其技术复杂程度在国内外均无先例,标志着我国船闸建设技术达到了国际领先水平。

截至2017年底,我国已建成船闸900多座[7],且逐步向标准化、规范化和高水头方向发展。

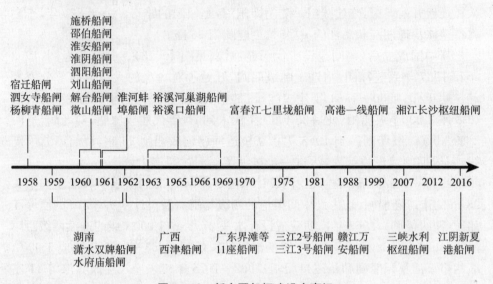

图1-13 新中国船闸建设大事记

在船闸建设过程中,工程人员开展了大量的科研试验和工程观测,包括通航水流条件、泥沙淤积、船闸水力学、船闸结构、闸阀门及启闭设备、控制和管理等,取得了大量的成果,为船闸建设和运用提供了科学依据,促进了船闸建设的发展。

我国船闸建设技术将随着高水头水利枢纽通航需求和运河建设的发展而提高,特别是在水利枢纽通航的泥沙防治问题、高水头单级船闸水力学问题、闸门及启闭机械建造技术、通航水流条件的船模试验技术、自动控制和交通管制等方面将会得到进一步的发展。

1.2.2 运营管理现状

船闸的运行管理主要针对船舶报到、调度、过闸等环节问题,属于交通工程学领域。交通领域中,铁路、公路、航空等的运行问题已有大量的研究,并建立了许多相关的调度模型和理论,但针对船闸的运行管理的研究工作相对较少。船闸的维修养护管理主要涉及设备维修策略理论,属于设备工程学领域,针对船闸设备维修策略的研究相对较少。

(1) 运行管理现状

国内在船闸运调管理上尚缺乏系统研究。由于没有有效建立船型尺寸及航道与船闸之间协调发展的机制,国内目前关于船闸调度的研究主要集中在船舶过闸的优化编排算法方面。余绍明、曹雄[8]阐述了一种船舶过闸编排的优化方法。该方法以闸室利用率最大为目标,建立闸室过闸编排的整数规划模型,从而得到优化后的船舶过闸编排计划。卢方勇等[9]通过将船舶归类、确定每类船舶的相对和绝对权重等方法,运用计算机对过闸船舶进行编排。赖炜、齐欢[10]针对船闸运行的两个重要性能指标——闸室平均利用率和船舶过闸时间提出三峡船闸运行中的多属性决策问题,并具体分析了决策矩阵规范化、各属性权重确定和决策方案筛选。

目前国内针对船闸调度管理的研究多是围绕安全高效方面开展工作。

(2) 维修养护管理现状

目前,国内船闸检修多以计划性定期维修养护为主。计划性定期大修是指根据相关技术规范和管理条例规定,定期对船闸技术状况进行快速修复,主要针对保证船闸正常运行的运转件、水工结构和电气设备等船闸设施设备进行修复或进行技术改造。多年的实践和经验积累使得船闸的计划性定期维修体制相对成熟,但由于国内船闸的运行环境、技术工艺与繁忙程度不同,使得各船闸的大修周期与大修项目差异较大,难以形成具有普适性的标准规范。

马丽佳、陈一梅[11]以船闸的可靠性和经济性作为维修决策目标,引入"RCM/LCC"的维修模式,将工程经济学理论中的经济寿命引入船闸大修周期研究,从船闸全寿命周期费用最优的角度建立船闸大修决策模型。

葛洲坝船闸和三峡船闸大修周期为5～6年,大修工程根据船闸部件的检测情况决定大修的项目,大修工时跨度较大,为14～100天不等[12]。京杭运河苏北段船闸也正逐步向视情况计划大修发展,大修周期由过去10年延长至12年左右,但大修项目仍以将船闸设施"趁势"全部维修更换为主,大修工时约为30天。

综上可知,目前国内针对船闸维修养护管理的研究都集中在检修决策的制定上,以减小船闸检修对通航的影响或者经济安全最优为决策目标。

通过对船闸运行管理和维修养护管理的研究现状分析可知,目前关于船闸的管理研究,多以提高船闸的服务水平为目的,以提高船闸通过能力为手段。在船闸管理理念上追求的是安全高效。

(3) 船闸运营体制

我国内河航道通航建筑物数量正在迅速增加,但通航建筑物的管理主体、运营模式及收费标准各不相同。例如通过对江苏、浙江、安徽、湖南 4 个省征收船舶过闸费的情况进行调研,调研结果显示,4 省各有特点,具体表现如表 1-2、表 1-3 所示[13]。

表 1-2 苏浙皖湘 4 省船闸主管部门情况

省份	航道里程/km	船闸数量/座	主管部门
江苏	24 310	104	交通、水利
浙江	9 704	50	交通、水利、水电企业
安徽	6 057	47	交通、水利、交通和水利共同管理、其他部门
湖南	11 900	15	交通、水利

表 1-3 苏浙皖湘 4 省船闸收费情况

省份 条目	江苏	浙江	安徽	湖南
收费依据	省人民政府令	省财政部门的文件		
收费性质	交通主管的船闸收费性质为行政事业性收费,水利、水电及其他企业主管的船闸收费性质为经营服务性收费			
收费目的	筹措船闸工程建设还贷资金以及船闸运行维护管理资金			
收费范围	所有船闸	交通、水利主管的船闸	所有船闸	地方航道上建设的部分船闸(有计划全省船闸均收费)
收费标准及计征单位	0.4~1.0 元/(总吨·次)	空载 0.54~1.4 元/(核定载重吨·次) 重载 1.4~2.4 元/(吨·次)	0.6~0.8 元/(核定载重吨·次)	空载 0.6 元/(总吨·次) 重载 1.0 元/(总吨·次)

目前国内对船舶过闸费性质设定上,有的设定为行政事业性收费,有的设定为经营服务性收费。设定为行政事业性收费的船闸均为国家投资建设,船舶过闸费征收主体为船闸管理部门或航道管理部门。设定为经营服务性收费的船闸,大多由企业投资建设,船舶过闸费征收主体为船闸业主。

行政事业性收费性质的船舶过闸费实行收支两条线管理,船舶过闸费统一上缴到省财政;经营服务性收费性质的船舶过闸费自行管理,专款专用。

1.3　我国船闸发展面临的挑战

(1) 设施老化

我国许多船闸都不同程度地出现了老化、损坏情况。

(2) 工作人员老龄化,新技术掌握水平较低

船闸工作人员的年龄普遍较大,学历较低,中高龄工作人员所占比例较大。

(3) 船闸通过能力不足

以苏北运河为例,船队往返于万塞到六圩的过程中,办理过闸手续以及排队时间就需近2天,皂河至淮安段6座船闸的船舶待闸时间总共约为2~3天。船闸通过能力无法跟上经济发展所带来的运量增长,导致苏北运河经常出现船舶拥堵现象。

(4) 船闸设计尺寸有限,难以应对日益大型化的船舶发展趋势[14]

虽然近几年船闸扩容改造和航道等级提升等工程也在逐步推进,但远远赶不上船舶大型化的速度。

(5) 船型未标准化

通过船闸的船型混杂,大大增加了船闸排档的难度,闸室的利用率也难以提高,降低了船闸的通航能力。

(6) 缺乏高效的内控机制

船闸的拥堵问题时有发生,一方面是因为其自身的通过能力不足,另一方面是缺乏高效的内控机制。缺乏高效的内控机制主要体现在:① 船舶过闸手续烦琐;② 船舶的管理上研究不够,亟须制定有约束力和威慑力的诚信管理体系;③ 上、下游船闸之间缺乏联动,未能及时地收集待闸船舶数量和船舶通过量等数据并予以发布,以便于下一级船闸及时掌握情况并做出反应。

1.4　我国船闸发展的对策

(1) 立足全局,对水运体系及早规划,加大财政投入

航道工程是社会经济发展的基础性产业,特别是国家水运主通道的建设,对社会经济发展具有重大影响。由于航道的改造周期相对较长,必须及早付诸实施,才可适应国民经济对水路运输的需求。水运业不能单靠本身的积累来实现行业的发展,国家应适当进行政策倾斜,立足全局、长远规划、加大投入,使航道建设更多地得到政府部门的重视[15]。

(2) 制订船闸发展规划

船闸是航运建设的节点工程,应牢牢把握水利建设和内河水运大发展的有

利时机，根据航道等级提升的需要，科学制订船闸发展规划，必要时可探索对航电枢纽（以航运为主，结合发电，兼顾其他效益的水资源综合利用工程）、收费船闸采取 PPP 投融资模式，吸引社会资金投入水运建设和发展，推动新建高标准船闸和升级改造老旧船闸工程的加快实施。

（3）完善船闸政策配套

完善法律法规，明确管理权限。推进相关法律法规的研究制定工作，进一步明确船闸的行政主管部门、运行管理部门的职责和任务。打破部门管理的界限，制定统一的船闸运营、养护维修工作制度，推动船闸管理工作制度化、规范化。研究建立船闸运营协调机制，实现同一流域内船闸统一、高效、协调运转。建立船闸管理方面的岗位技能鉴定标准和鉴定机构、船闸运营管理的资质认证和市场准入规定，颁布专门的船闸设备设施运行维护规程和检修规程。

（4）加速船舶大型化、标准化建设

船舶大型化、标准化可以充分发挥水运基础设施的作用，促进航运安全，保护环境，提高船闸的通航效率，进一步凸显水运的优越性。针对过闸船舶的大型化与标准化问题，首先应充分利用市场的自动调配能力，其次应加大政府投入和监管力度。

（5）提高船闸运营管理水平

相较于新建或改扩建船闸庞大的资金需求及其漫长的建设周期，通过充分挖掘现有船闸资源，加强队伍建设，提高船闸的维修养护水平，重视船闸的自动化、信息化、智能化建设和新技术的应用，从而提高船闸运营管理水平，具有明显的资金优势和时效优势，应作为提高船闸通航能力的首要手段。

以信息化、智能化为统领，开展"智慧船闸"研究，是提高通航能力和船闸运行管理水平的有效途径。要结合船闸基础数据及采集的交通航运信息，利用大数据平台，加强"智慧船闸"的顶层设计与规划，推动现代信息技术与船舶通航管理和服务全面融合，建立起综合管理及养护、调度指挥和服务支持的信息体系，实现通航设施、装备运输组织的智能化和运营效率与服务质量的提升，从而推进管理模式的创新、业务流程的优化、服务能力的增强、综合效率的提升，保障船闸的安全畅通，促进船闸管理和服务水平全面提升。

第 2 章　智慧船闸理念

智慧船闸是智慧交通、智慧水利的重要组成部分。船闸作为必要的水上运输枢纽,在航道、水运经济等发展中起着重要的作用。它的发展与人们的生活息息相关,其智慧程度的高低也将直接影响航区和流域水运经济的发展水平。一些船闸通过建设全要素动态感知的监测体系、高速泛在的信息网络、高度集成的大数据中心,实现从单一的管理调控到多方位的全局协作,从机械的、孤立的管理到信息数据共享、智能化与人性化服务,大幅提升了通航能力和管理水平,为区域经济的发展做出重大贡献。

2.1　概念及特点

2.1.1　概念

智慧船闸就是将监控技术、通信技术、控制技术、传感器技术、计算机技术以及网络技术集成应用于船闸通航管理服务中,在过闸全流程中建立安全、实时、准确、高效的管理和控制系统的船闸。

智慧船闸,是智慧中国、智慧交通等理念在水运行业的具体落实,是新一代信息技术在水运领域的深度应用。智慧船闸是在船闸信息化和智能交通的基础上,通过技术创新、系统协同和流程优化,依托更成熟的高端技术体系、更协调的系统集成体系、更匹配的保障制度体系,实现更高水平更高效率的便捷过闸、经济运输和科学管理。船闸信息化和智能船闸是智慧船闸的必要前提和必经阶段,智慧船闸是船闸信息化和智能船闸的高级形态和必然结果。

具体地说,就是把传感器嵌入和装备到靠船墩、闸门、电机、油箱、闸壁、闸室、水中、引航道等各种船闸基础设施设备和要素中,使之互相连接,形成物联网,再与通信网、互联网连接,实现人与物的整合与交互。新一代信息技术在船闸的应用为水运发展注入了更多的人性、科学、创新元素,使之富有东方哲学关于智慧的内涵[16]。

与传统船闸相比,智慧船闸对信息资源的开发利用强度更大,对信息的采集精度、覆盖度更深,是更为透彻的感知,是更高水平的管理。

从技术的内涵上看,智慧船闸是感知船闸、数字船闸、掌上船闸的组合体,同时智慧船闸又是科学船闸、人性船闸、创新船闸[17]。智慧船闸＝基础设施和信息的互联＋船闸组织管理和运行机制的协同＋智慧思维和智慧服务。

智慧船闸目的是利用丰富的信息化手段,实现船闸管理工作效能的提升,以充分发挥船闸效益,主要包括智慧内控、智慧收费与调度、智慧养护、智慧安全、智慧稽查、智慧应急等内容。

2.1.2 特点

智慧船闸是以信息的收集、处理、发布、交换、分析、利用为主线,为通航参与者提供多样性服务的新一代综合通航体系。智慧船闸的基本特点包括高效省时、安全便捷、以人为本、节能环保、可视可预测等。

(1) 高效省时

智慧调度可实时感知进入待闸区的船舶,无须船员上岸登记,提高了通航效率,满足了船员的快速过闸需求。例如江苏省泰州高港船闸推出的电子收费信息系统,率先开启过闸手续全程"网上跑"的"不见面"时代,南来北往的船舶实现了更加安全、快速、便捷的过闸方式。

高港船闸电子收费信息系统类似于高速公路 ETC 系统,以微信公众号为平台,采用移动互联网和船舶自动识别系统(Automatic Identification System, AIS)等技术对船舶进行身份、状态的识别,船舶无须进入引航道报港,只要在船闸划定的报港范围内,人不离船,利用手机即可办理过闸电子申报、电子支付、电子发票获取、接受调度等全部过闸手续,船闸工作人员也无须和船员直接接触。如今在高港船闸通过微信办理整个报港及缴费流程的船员已达98%以上。

(2) 安全便捷

水路运输在区域物流和综合运输系统中发挥重要作用的同时,也存在着较大的风险。由于自然环境或人为失误等因素的影响,船舶在运行作业过程中存在很大的安全隐患,一旦发生水上交通事故,往往会导致严重的经济损失和人员伤亡。根据三峡船闸船舶过闸发生的主要事故统计,2010年1月到2011年4月间,发生碰撞事故11起、搁浅事故6起、火灾事故2起[18]。在水上交通事故中,船舶碰撞导致的事故是占比例最高的事故之一[19-20]。

智慧船闸利用激光、摄像机、振动监测等传感器,采用激光对射、目标检测、目标跟踪和图像识别等技术,向船闸工作人员提供实时且有效的船舶高度、船舶位置及轨迹、靠船墩振动幅度、系船钩受力情况,向船员提供危险报警信息如超警戒线报警和涨泄水时危险报警等,为船闸工作人员减轻工作强度,使船员便捷安全地通过船闸,减少船闸管理区域内水上交通事故的发生。

(3) 以人为本

智慧船闸的理念之一就是以人为本、服务船员、需求引导、开放创新。"智慧"落脚于船员的通航需求、船闸工作人员的管理需求,使其得到高水平满足。进入体验经济时代,在信息化、移动化趋势下,智慧船闸必须时刻以人们的需求为导向,从船闸基础设施的设计到通航信息服务的提供,都要适应当前的水运发展水平和人们生活习惯的变化,充分考虑船闸各方的个性化需求,给予船员贴心、安全、高效的过闸体验。例如智慧稽查系统投入使用后,船员无须停船等待稽查人员现场查看或登船测量,这既缩短了待闸时间,又避免产生争议。且稽查人员无须长时间盯着视频查找船舶,登船次数也大大减少,很多工作可以通过快速筛选、浏览船舶高清照片和参数来完成,在提高过闸效率的同时,减轻稽查人员工作强度。

(4) 节能环保

智慧调度系统使得船舶进入报港区域即可在船上办理过闸业务,直接在报港区范围内的安全水域停靠待闸,无须多次往返报港区与停泊区,节省了船舶燃油消耗。

同时,系统实现过闸手续网上办理、过闸信息网上查询,采用最新的电子发票技术,实现船舶身份核查、登记缴费、调度等环节全程电子化、无纸化,船闸纸张消耗显著减少。

(5) 可视可预测

可视化能将人脑与现代计算机这两个最强大的信息处理系统联系在一起,使我们能观察、操纵、研究、探索、过滤、发现和理解大规模数据,并与之方便交互,从而有效地发现隐藏在信息内部的特征和规律[21]。在水运领域,随着智慧船闸建设的推进,船闸多元、多时数据激增,船闸可视化是将所有船闸数据(例如船舶位置、待闸情况、闸室调度、门机电状态、水位、靠船墩受力情况等)整合到数据库中,提供单个网络状态视图,实现数据的可视化表达与分析,直观地传达船闸信息,发现数据中存在的关系和规划,为船闸管理者提供决策依据,提高船闸系统的运行效率。

船闸可预测是指通过对实时通航信息进行持续性的数据分析和建模,改善通航流量和基础设施规划。船舶交通流预测不仅是航道、船闸交通控制与诱导系统的基础,还是解决航道拥塞问题的关键。

2.2 发展现状

与交通领域其他行业相比,内河水运具有运能大、能耗小、成本低、占地少、污染轻的天然优势,是我国综合交通运输体系的重要组成部分。截至 2017 年年底,全国内河航道共有通航里程 12.70 万 km,万 t 级及以上泊位 418 个,2017 年共完成货物吞吐量 49.50 亿 t,是公路运输货运量的 13.4%。

近几年,随着内河水运上升为国家战略,我国内河航道、船闸加快了信息化建设,并取得了一定成效。高速公路、铁路、民航等行业的信息化建设始于 20 世纪七八十年代,而我国内河航道、船闸信息化建设起步于 21 世纪初,存在起步晚、规模小、投入少等不足,信息化水平总体相对落后。

"智慧船闸"由江苏省泰州引江河管理处率先提出,是一个全新的理念。目前其下辖高港船闸结合船闸基础数据及采集的交通航运信息,通过大数据平台,建立综合管理、调度指挥和服务支持的信息体系,补齐了传统过闸模式的短板。

2.2.1 智慧船闸发展的迫切性及意义

随着水运经济的发展,船舶日趋大型化且船舶数量迅猛增长,日益增加的过闸需求和日趋饱和的实际通过能力已成为大多数船闸的主要矛盾,船闸往往成为航运的通航"瓶颈"。以三峡枢纽为例,2014 年过坝货运量达到 1.2 亿 t,超设计能力 20%,过闸船舶拥堵成为常态,船舶平均待闸时间 2~4 天,平均每天待闸船舶 300 多艘。仅 2014 年船舶拥堵导致航运企业直接成本增加 3.3 亿元,营运收入损失约 18.8 亿元。

"智慧船闸"是航运信息化的发展趋势,也是实现管理模式的创新、业务流程的优化,提升船闸服务水平的有效途径。智慧船闸的发展,可以有效地节约船员时间和交通成本,提升船闸、航道安全管理水平,减少船舶能源消耗,促进节能减排,实现船员过闸全程电子化,有效提高服务效能和船员体验。

2.2.2 智慧船闸是船闸发展的高级阶段

近年来,我国船闸通航信息化取得了不少成绩,但在船闸设备状态监测诊断方面还比较薄弱,信息资源共享和综合服务功能发挥都不够理想,在船闸通航数据整合、挖掘分析、辅助决策、跟踪和评价等方面还缺乏足够的理论和信息系统的支撑。

另外船闸信息化由于缺乏顶层设计,过去的信息化建设存在信息资源分散、信息交互困难、系统耦合不顺等诸多难题,"信息孤岛"的负面效应日益突出。相互隔绝的信息资源与持续增加的监管压力之间的矛盾已成为阻碍船闸转型升级的重要因素。打造令人满意的通航船闸,必须要有更加现代、综合、精准、可靠的信息技术支撑。

"智慧船闸"尝试为船闸信息化做出顶层设计,其已被视作提高航运效率、迈向航运现代化的关键举措,特别是在整合船闸通航资源、实现信息共享、推进信息服务、加强安全监控等方面,我国都在进行大力的研究和探索。在借鉴国内外先进的船闸通航信息技术成果的基础上,及时吸纳、引进和集成到船闸通航中,优化系统架构,统一信息标准,搭建综合信息服务平台,从网络层、数据层、应用层进行深度融合;建设船闸设备状态监测诊断系统,实现动态监控船闸设施的运行状态,使船闸维修从粗放型的维修向精细化的维修方式转变;完善船闸水工建筑物安全监测系统,打造船闸管控一体化平台,提高船闸管理水平,确保船闸安全运行,充分发挥船闸通航潜能;全面实现船闸的监控运行信息化和智能化;整合数据资源,构建辅助决策系统,探索跟踪和评价船闸通过能力的机制。

2.2.3 智慧船闸是船闸营运阶段提高通过能力的突破口

我国船闸发展大致经历了以下 3 个阶段:大力增加船闸数量阶段;提高船闸等级、扩建二三线闸室阶段;提高船闸管理水平阶段。

然而在土地资源有限、财政资金紧张的现状下,依靠新建船闸来解决"通航瓶颈"的困难程度不言而喻。因此要短时间内缓解过闸压力、提升过闸效能,"智慧船闸"的建设是最有效的解决途径。近年来我国在智慧水利、智慧交通、智慧航道方面做出了诸多努力,也取得了卓越的成效,为智慧船闸建设提供了有力的技术支撑。

2.2.4 我国智慧船闸的相关政策及发展趋势

2014年交通运输部工作会议提出加快以"智慧交通"为关键的"四个交通"的建设,提出要以现代化、科学化、信息化、标准化为途径,加快长江等内河航运发展,我国内河水运现代化航道信息化建设势在必行。而智慧船闸既是智慧交通的重要组成部分,也是智慧水利的重要组成部分。2018年2月,水利部印发的《加快推进新时代水利现代化的指导意见》[22]指出,要大力推进水利科技创新,瞄准世界科技前沿,强化水利先进技术和产品研发,加强水利基础研究,大幅提高水利科技创新实力。2018年2月,江苏省水利厅厅长、党组书记陈杰在全省市县水利局长会议上强调了要全方位推进智慧水利建设,以水利数字化、网络化、智能化驱动水利现代化[23]。

如何在已有船闸的基础上,提高船闸的智能化,缓解航运交通压力,提升过闸效能,实现内控工单化、调度最优化、安全标准化、稽查自动化、养护便捷化、应急快速化等功能,是建设智慧船闸的重要方向,也是航运信息化的发展趋势,并将为水运经济的发展带来新的机遇和挑战。

2.3 智慧船闸设想

一个智慧的船闸,具备全视角监控能力。船闸管理人员和值班人员在调度室或监控室,甚至通过移动端即可掌握船舶过闸全动态流程。此外,通过监控大屏幕,可根据当前过闸步骤自动切换需重点关注的画面,并提示应注意事项。

一个智慧的船闸,具备全信息服务能力。过闸船员无须泊船上岸,足不出船,掏出手机便可办理登记、缴费等业务。此外还可通过缴费系统或手机 App 实时获取航道状况、排档情况,以及获取电子发票等。船闸人员也可通过微信、客户端等平台完成船舶登记、船舶调度、报表统计等工作。

一个智慧的船闸,具备全岗位协同办公能力。船闸工作人员无须在处理各类文件时奔波于各办公室之间,可通过一个具有综合功能的协同办公平台,实现在线办公、单位内部各部门及岗位间的工作协同。

一个智慧的船闸,具备船舶智能调度能力。调度系统应当根据闸室尺寸、船舶尺寸与货种等数据,实现船舶智能排档,只需少量人工甚至无须人工干预。

一个智慧的船闸,具备通航安全预警能力。当出现船舶水面上高度超过跨闸建筑物的通航净空、因受到船舶撞击而亟须保养的靠船墩、受到船舶拖拽而行将脱落的系船钩、超越闸室警戒线或将搁浅闸台等各类安全隐患时,船闸工作人员和船员均能在事故发生前收到预警,以提前采取措施,避免安全事故的发生,竭力保障通航安全。

一个智慧的船闸,具备自动稽查能力。稽查人员无须登船逐一检查核实船舶身份,通过自动稽查系统,在电脑或手机上即可实时掌握过闸船舶动态及船舶实际参数(长度、宽度、高度、吨位、船型、货种等)与登记参数的差异。

一个智慧的船闸,具备工程隐患预警能力。船闸养护不再重度依赖人工,养护人员无须每日巡船闸一遭,用肉眼观察船闸设备设施是否异常。智慧船闸基于泛在的传感设备、大数据分析预测等技术,自动诊断可能存在的船闸安全隐患,提前预警。

一个智慧的船闸,具备工程设施故障远程应急诊断与维护能力。当船闸发生突发故障时,应急保障中心可采用多种网络通信方式,如短信、微信、广播等及时通知相关人员,使应急保障人员快速到达现场;在排障抢险时,可启用包含专家意见、应急保障案例、数据分析等多功能应急保障数据库,为工作人员及时提供故障信息和处理对策,若遇上工作人员无法现场解决的故障时,可远程连线有关专家,并通过视频在线远程指导现场工作人员排除故障;在人工应急的基础上再增添一级信息技术的智慧应急,更全面、更便捷、更迅速地为船闸应急工作提供方案和对策。

2.4 总体架构

智慧船闸的核心在于"智慧",即给船闸安装上类似于人的大脑的设备,使之能够及时看到、听到、感知与外界周围环境相关的信息,并及时做出反应,克服船闸监控船舶动向不实时、危险情况下的施救不及时、指挥调度手段匮乏、船舶监控和船闸管控脱节、信息不对称及通信手段单一、交互性弱等不足,以改善日益增加的过闸需求和实际通过能力之间的矛盾,使船闸发挥最大效能。

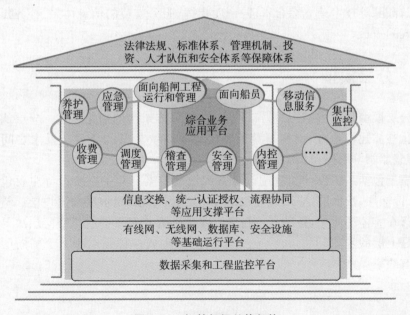

图 2-1 智慧船闸总体架构

图 2-1 为智慧船闸系统的总体架构,可概括为"软硬四平台,两面一体

系"。其中"软硬四平台"为底层的两个硬件支撑平台(数据采集和工程监控平台,有线网、无线网、数据库、安全设施等基础运行平台),以及中间的两个软件平台(信息交换、统一认证授权、流程协同等应用支撑平台,综合业务应用平台)。硬件支撑平台负责采集船闸及周围环境的信息,并利用物联网等传输到计算机等设备上;软件平台则负责对已有数据及实时传输数据进行分析,借助智能化技术等对船闸实施管理和监控,其中"综合业务应用平台"是整个架构的核心,主要包括收费管理、调度管理、稽查管理、养护管理、应急管理等,对业务数据、业务流程进行智能化应用,以直观的方式展示数据,最终实现良好的人机交互及管理保障,为船闸人员和船员提供服务(即"两面",面向船闸工程运行和管理+面向船员)。另外智慧船闸离不开保障体系的保驾护航,架构还包括法律法规、标准体系、管理机制、投资、人才队伍和安全体系等保障体系(即"一体系")。

船闸设计是水运改革发展过程中一项长期的系统性工程,要解决长期制约和梗阻水运发展的痛点问题,必须从全局的角度进行统筹考虑,改善传统船闸的配套设施,提高船闸的智能化水平。"智慧船闸"的主要目标是完成智慧船舶监管、智慧过闸调度、智慧公众服务、智慧安全保畅、智慧数据分析等任务。实现这些目标不仅要依靠信息化技术手段,更需要融合当下流行的"云""大数据""人工智能"等技术建立综合管理、调度指挥、服务支持的信息体系,补齐传统过闸模式的短板。

2.5 分层模型

分层模型是总体结构的另一种表达,是总体架构的细化描述。分层从船闸信息化整体建设角度,提出智慧船闸建设所需要具备的要素及要素之间的关系,智慧船闸分层模型如图2-2所示。

模型包括系统设计和应用设计两大层次要素。其中系统设计主要包括感知层、传输层、数据层,应用设计包括应用层、智慧层、展示层和用户层。整个系统运行在实体环境中,标准规范与系统安全则为其保驾护航。横向层次要素的下层是上层的基础,上层利用下层的功能,纵向支撑体系对于七个横向层次要素具有约束关系。

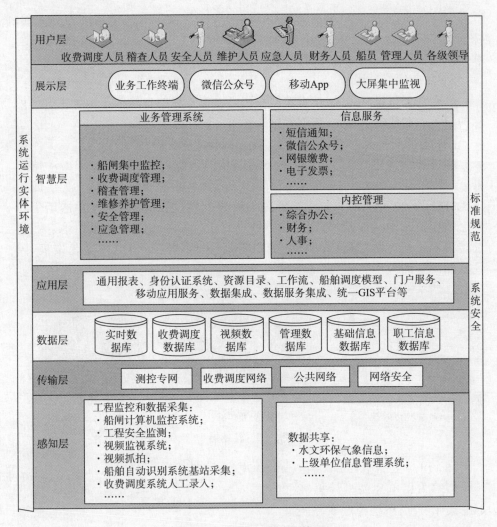

图 2-2 智慧船闸分层模型

2.5.1 感知层

1) 概念

感知层就像人的感觉器官一样,它是智慧船闸识别物体、采集信息的来源。智慧船闸的感知层主要是将运行过程中的船闸环境、人员、船舶影像信息等经采样量化后进行数字编码,并将各种情况按照一定的准则规范进行离散化、数字化表示,便于后续操作和处理。感知层体现了对环境的智能感知能力,通过移动终端、视频监控、可编程逻辑控制器(Programmable Logic Controller,

PLC)、传感器、船舶自动识别系统(AIS[24])等手段实现对航道范围内的天气、基础设施、环境、人、船舶、停泊点、闸区等要素的识别、信息采集、监测和控制。感知层是智慧船闸的基础,为智慧船闸提供了感知能力。

2) 常用的感知技术

从广义上来说,感知层技术包括一切可以将外界的自然信息转化为电子信息的设备。在船闸系统中,典型的感知技术主要有以下几种:

(1) 传感器采集

通过加装传感器(图2-3)采集船闸相关数据,传感器类型有振动传感器、油质传感器、水位传感器等。振动传感器采集机械设备的振动(如启闭机电机、闸门),也可采集一些土建设施如停靠船墩的振动;油质传感器用于检测启闭机液压油的油质;而水位传感器则用于采集闸室内外的水位信息。目前传感器正朝着微型化、智能化、多功能化、无线网络化的方向蓬勃发展,因此在船闸中的应用将更为广泛。

(a) 水位传感器　　(b) 油质传感器　　(c) 振动传感器

图2-3　传感器

(2) PLC数据汇聚

PLC采用单片微型计算机,具有集成度高、系统稳定性好、运算速度快等优点。PLC数据汇聚系统是指利用可编程逻辑控制器获得船闸周围环境状态信息,并与船闸相关的PLC数据进行汇聚,实现数据分析,如图2-4。

(3) 视频监控

监控系统是由摄像、传输、控制、显示、记录登记5大部分组成。船闸视频监控通过摄像头等电子设备将船闸闸区、远调

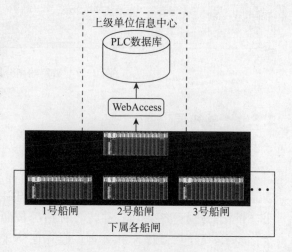

图2-4　PLC数据汇聚

站、办公区的视频监控信息进行汇聚,对突发性异常事件的过程进行监视和记忆,用于实时监控,船闸视频监控部署如图 2-5 所示。

图 2-5 船闸视频监控部署

(4) 移动终端采集

移动终端主要包括手机、IPAD 等设备。移动终端采集的数据包括图片、视频、音频和定位。移动终端通过 App、公众号等途径,将信息上传或录入到管理系统中,可提高船闸工作人员的工作效率,同时降低了信息采集的复杂度。以登记船舶信息为例,船闸工作人员可通过手机终端查询船舶是否登记,若未登记,则新增船舶基本信息,同时拍摄船舶图像并上传至管理系统中,如图 2-6 所示。

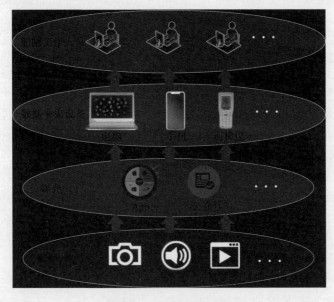

图 2-6 移动终端采集

(5) AIS

AIS 由岸基(基站)设施和船载设备共同组成,通过甚高频(Very High Frequency,VHF,是指频带由 30 MHz 到 300 MHz 的无线电电波)频道,采用广播通信系统方式,持续向外发送本船的航向、航速等动态信息,以及船名、呼号、船长、船宽、吃水线、危险货物等静态信息。通过与其他一些船舶以及海岸台站之间建立导航数据交换实现对本海区船舶的识别和监视。AIS 广泛用于船舶导航、船舶通信、船舶监视、船舶搜救中[24]。船载设备基本组成包括内置的卫星定位传感器、VHF 数据通信机、通信控制器、船舶运动参数传感器接口和显示接口。它的外围设备主要包含提供船舶航向的电罗经——船舶主卫星导航定位仪器,提供船舶转向速率的传感器和显示操作终端,图 2-7 所示为船舶自动识别系统 AIS。

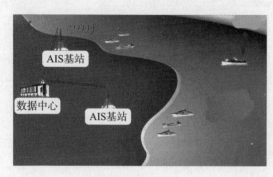 

(a) AIS 基站　　　　　　　　　(b) AIS 终端及天线

图 2-7　船舶自动识别系统 AIS

2.5.2　传输层

1) 概念

传输层是智慧船闸的神经中枢,承担各种信息准确传输的功能,通过网络将感知的各种信息进行实时可靠传送。传输层包括各种通信网络与互联网的融合网络、网络管理中心和信息处理中心等。

在小型安防监控系统中,最常见的传输层设备是视频线、音频线;对于中远程监控系统而言,常用射频线、微波;对于远程监控系统而言,通常使用因特网这一广泛使用的便捷载体。传统网络、物联网网络以及二者之间的融合(如移动互联网)为智慧船闸提供大容量、高带宽、高可靠的光网络。智慧船闸传输层要求信息在传输过程中具有融合、便捷、协调、快速、泛在的特性。

除了物理网络以外,传输层还包括网络安全,即指网络系统的硬件、软件及其系统中的数据受到保护,不因偶然的或者恶意的原因而遭受到破坏、更改、泄漏,系统能连续、可靠、正常地运行,网络服务不中断。根据《信息安全等级保护管理办法》规定,船闸网络安全防护应至少符合安全保护等级第二级(信息系统受到破坏后,会对公民、法人和其他组织的合法权益产生严重损害,或者对社会秩序和公共利益造成损害,但不损害国家安全)。

2) 传输层的形式

(1) 传统的网络传输

传统的网络传输主要包括自建光纤、业务专网。

① 自建光纤:一次性投资,船闸拥有产权,无须另行支付其他费用,因此运行成本低。通过自建光纤,一方面可以优化船闸内部的网络,便于远距离快速传输信息,另一方面可以满足船闸与上级管理单位之间信息传输的要求。如图2-8 为某船闸机房实景。

(a) 机房布置　　　　　　　　　　(b) 光纤走线

图 2-8　某船闸机房实景

② 业务专网:专网通信是指在一些行业、部门或单位内部,为满足其进行组织管理、安全生产、调度指挥等需要而建设的通信网络,例如测控专网、收费调度网络等。另外根据船闸所属单位的行业、性质,还可接入水利业务专网或者交通业务专网等,以利用专用网络方便快捷的传输信息,提高信息的安全性和稳定性。

(2) 物联网网络传输

万物互联是社会发展的必然趋势,移动通信正在从人与人的连接向人与物以及物与物的连接迈进。由于 4G 网络在物与物连接上能力有限,而 ZigBee 等短距离通信技术具备广覆盖、可移动以及大连接数、更加丰富的应用场景等优点,在物联网网络传输中有很好的应用前景。例如船闸布设相关物联网节点,节点的通信可通过 ZigBee 自组网,或者闸区自建无线网络,或者基于 NB-IoT 的网络,采集需要监控、连接、互动的物体,通过各类可能的网络接入,进行信息的实时传输,实现物与物、物与人的泛在连接,从而对物体进行智能化感知、识别和管理。图 2-9 为设想的船闸物联网构造图。

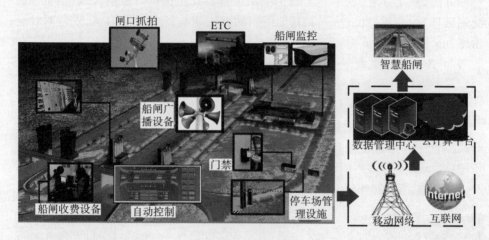

图 2-9　船闸物联网

2.5.3　数据层

数据是船闸运行、经营、战略决策等过程中不可或缺的信息。因此规范信息化数据是建设智慧船闸的重要环节,数据化建设的首要任务是建立一个统一的信息化平台,通过该平台能大大提高各应用系统信息交换和共享的效率[24]。在智慧船闸建设中,数据是重要的战略性资源,通过对船闸范围内各类数据的汇聚、存储、共享、分析和使用,可提升航道船闸的资源监控、管理和服务能力。本层获得的各类数据是支撑船闸更加"智慧"的关键。智慧船闸建设中涉及的实时数据、收费调度数据、视频数据、管理数据、基础数据、职工信息数据等数据资源是设计中关键的支撑数据。

（1）实时数据

实时数据包括建设智慧船闸过程中从感知层实时感知到的并通过传输层实时传输的终端采集数据、视频监控数据、PLC 数据、传感器数据、AIS 系统数据、外部数据等,也可能包含 GIS 系统显示的空间地图数据,包含矢量数据和栅格数据[24]。

（2）收费调度数据

船闸收费与调度数据是船闸计算机控制系统的重要组成部分,包括船舶过闸时的各种船舶（远调站登记船舶信息、过闸费）、管理（领导层的审核、提放等）、票据（登记单、过闸费发票）、流向、物种等信息,为实现自动计算过闸费、打印登记单、自动排档、稽查复核等提供数据支持。

(3)视频数据

视频数据包括监控船舶的录像数据,用于过闸船舶的抓拍照片、船员的咨询电话录音、安保的出入口、关键点的录像数据等。

(4)管理数据

管理数据主要是指在船闸日常运行中,系统的日志数据以及相关人员记录的巡检日志、维修日志等。

(5)基础数据

基础数据是指智慧船闸建设所需要的基本信息,主要包括船闸设备设施的基本信息,如建设时间、设备厂商、生成日期、型号、尺寸大小、最大载重量或载客量等信息。

(6)职工信息数据

职工信息数据主要是船闸管理单位职工的基础信息,包括姓名、部门、性别、职称、证书等。

2.5.4 智慧层

对各类感知信息进行综合加工,通过智能分析、辅助统计、预测、仿真等手段,构建智慧应用层。通过提高支撑性智慧应用服务水平,确保管理者、船员及船闸工作人员的目的、意愿得到充分实现,为管理者、船员及业务员提供更加精细化、智能化的服务[25]。智慧应用层的建设可以促进各个应用的信息化和智慧化的发展,是智慧船闸建设过程中非常重要的应用环节。如图2-10所示,该层主要由智慧内控、智慧调度、智慧稽查、智慧养护、智慧安全、智慧应急构成。

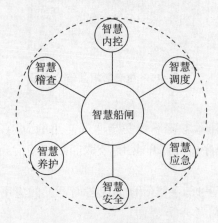

图 2-10 智慧应用层举例

2.5.5 展示层

展示层是智慧船闸的对外展示窗口,它负责系统与客户之间的交互,通过不同方式展现船闸各类信息,即采用多种方式为用户提供与智慧船闸的交互接口,主要包括微信公众号、移动 App、PC 门户、调度大屏幕等。

1) 微信公众号

微信公众号旨在为用户提供服务,主要有以下三种形式:

(1) 微信企业号

船闸内部使用的微信企业号建立与员工、内部 IT 系统之间的连接,并能有效地简化管理流程,提高信息的沟通和协同效率,提升对一线员工的服务及管理能力。

(2) 微信公众号

对外面向船员使用微信公众号,通过微信公众号将船闸相关信息推送给船员,既能降低宣传成本,又能提高船闸知名度,打造更具影响力的船闸亲民形象。图 2-11 为江苏省高港船闸微信公众号界面。

图 2-11　高港船闸微信公众号

(3) 微信小程序

微信小程序是一种不需要下载安装即可使用的应用,船员用户通过"扫一扫"或搜索船闸应用程序即可打开应用,获取船闸相关信息。

2) 移动 App

移动 App 是针对平板、手机等移动设备而开发的应用程序服务。图 2-12 所示为长沙船闸智能调度 App 界面。

第 2 章 智慧船闸理念

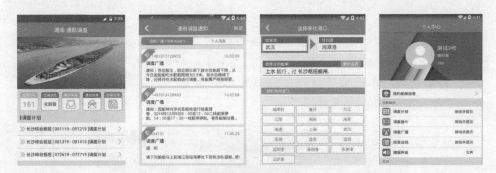

图 2-12 长沙船闸智能调度 App

3) PC 门户

PC 门户采用 B/S 架构,是 PC 端浏览器访问的 Web 页面形式的门户系统,B/S 架构成本较低,极大地方便了船员了解船闸信息。此外,它能有效地保护数据平台和管理访问权限,保障服务器数据库安全。图 2-13 所示为江苏省邵伯船闸管理所门户网站页面。

图 2-13 江苏省邵伯船闸管理所门户网站页面

4) 调度大屏幕

调度大屏是在船闸监控大厅里展示的拼接展示大屏,如图2-14所示,主要功能是将一个完整的图像信号划分成若干块后分配给若干个视频显示单元(如背投单元),用多个普通视频单元组成一个超大屏幕动态图像显示屏,方便船闸管理人员了解船闸动态。

图2-14 调度大屏幕

2.5.6 用户层

用户层是指在建设智慧船闸过程中所涉及的管理人员、业务人员、船员等,他们可以通过有线或无线网络与中间层进行通信。用户层是系统与终端的接口,通过鼠标和键盘组成的视窗界面,用人机对话的方式进行控制操作,使用方便,简单易学。用户层主要实现文件的访问和管理、电子邮件的传发、虚拟终端的访问、网络管理、查询服务和远程作业登录等。用户层主要包括船闸管理人员、各类业务人员(调度人员、稽查人员、安全人员、养护人员、应急人员、财务人员)、船员。

2.6 建设标准及原则

2.6.1 政策法规与标准规范体系

智慧船闸建设中,所需的政策法规与标准规范体系涉及全层次,其指导和规范智慧船闸的整体建设,促进智慧船闸建设的开放性、柔韧性和可扩展性。

智慧船闸政策法规与标准规范体系主要由以下四个类别组成。

(1) 智慧船闸信息化技术基础标准

智慧船闸信息化技术基础标准主要是指智慧船闸的信息技术所需要参考的基础标准，而该标准需要以国家、地方或行业等制定的信息技术规范为大纲，并结合智慧船闸的实际信息化需求，制定出符合智慧船闸建设的别具特色的信息化技术基础标准。

(2) 智慧船闸网络基础设施建设标准

智慧船闸网络基础设施建设主要涉及传输层中的传统网络和物联网的建设，基础设施建设要遵循网络建设的基本规范和标准，符合一定的 IP 协议，建设为通用的网络基础设施，并根据智慧船闸的特点，通过网络通信、物联网传输等实际应用实现符合实际的网络基础设施建设标准。

(3) 智慧船闸信息安全标准

智慧船闸信息安全标准是指智慧船闸项目建设中的信息数据安全、关键系统安全及管理等方面的标准及规范，包括数据安全、系统安全、安全管理3个子类标准。

(4) 智慧船闸建设管理标准

智慧船闸建设管理标准是指支撑和确保智慧船闸项目建设和运营过程中的监理验收、评估方法，以及相关运行保障的标准和规范，包括智慧船闸的规划与设计、实施管理、测试与评价、运行与保障、运营管理5个子类标准。

对于国标、地标、行业标准等不能涵盖的部分，应结合船闸管理工作的实际，重点突出业务特色，分层、分类地细化，主要涉及信息技术术语、数据交换、业务流程、界面显示、操作规程和标准作业等方面的标准化，形成船闸管理工作标准规范体系。

2.6.2 安全保障体系

智慧船闸建设需要完善信息安全保障体系，以提升船闸基础信息网络、重要数据信息及系统的安全可控水平，为智慧船闸建设提供可靠的信息安全保障环境。从技术角度看，信息安全保障体系重点是构建统一的信息安全保障平台，实现统一入口、统一认证，涉及各横向层次。

信息安全保障体系主要是从网络安全、服务器安全、数据安全、账户安全等4个方面进行保障。任何一个信息系统都由计算环境、区域边界、通信网络3个层次组成。所谓计算环境即用户的工作环境，由完成信息存储与处理的计算机系统硬件和系统软件，以及外部设备及其连接部件组成，计算环境的安全是信息系统安全的核心，是授权和访问控制的源头。区域边界是计算环境的边界，对进入和流出计算环境的信息实施控制和保护。通信网络实现计算环境之间信息传输的功能。在这3个层次中，如果每一个使用者均是经过认证和授权的，其操作都是符合规定的，那么就不会产生攻击性的事故，也就能保证整个信息系统的安全。故网络安全、服务器安全是信息系统安全中必不可少的要素。数据安全是指对获取的数据有一定的保密性，不能随意被篡改或泄漏。账户安全也是为了防止病毒、木马、黑客等的入侵，以及内部恶意用户从网内攻击信息系统安全。构建信息安全保障体系，保障网络安全、服务器安全、数据安全、账户安全，关系到智慧船闸系统的安全性和稳健性，对于建设智慧船闸至关重要。

2.6.3 建设原则

(1) 需求主导，应用为主

紧密结合水利工程现代化的发展目标，立足船闸管理主流业务需要，以应用促建设，边应用边建设，扎实有效地提升管理信息化建设水平。

(2) 数据规范，接口标准

采用规范、开放的数据结构，能够高效存储船闸调度、运行、维护和管理工作中的各种数据，做到运行管理工作有迹可循，有助于进一步进行事件追踪、历史数据分析以及工程运行优化和管理优化。采用开放接口，方便系统功能扩展，以及与其他系统集成。

(3) 统筹规划，突出重点

坚持统一规划、统一标准、统一建设、统一管理的原则，全面考虑，整体部署。根据统一规划部署，抓重点项目，提高有限建设资源的使用效率。

(4) 整体推进，分步实施

围绕船闸运行监控、工程安全监测、收费调度管理、稽查管理、安全管理、维护管理等工作领域的信息化整体推进，结合船闸的实际情况分步实施，保证规划的稳步发展。

(5) 技术先进，统一平台

采用先进的软件开发技术，将运行监视、操作流程管理、事务管理等集成在统一的软件平台上，软件界面统一，方便运行人员的日常运行管理工作，规范工作流程。

2.7 评价体系

在智慧船闸的建设过程中，要构建一套与之相匹配的评价体系用于评价智慧船闸的建设水平，并通过定期或不定期的评估，掌握智慧船闸建设是否朝着预期目标发展,了解哪些方面进展顺利,哪些方面较为落后,及时解决存在的问题,并定期对船闸进行维修和养护,这样有助于及时调控和保障智慧船闸建设目标的实现,有利于智慧船闸建设朝着智能化、自动化方向发展。

智慧船闸评价指标体系由一套科学系统的评价指标构成,是对智慧船闸建设成果进行量化计算、科学评测的方法体系,是智慧船闸建设的行动指南,也是检验智慧船闸成果的具体体现,将起到引领、监测指导、量化评估等作用[26]。

2.7.1 评价指标体系的选取原则

评价是通过一些归类、综合的指标,按照一定规则与方法对评判对象从其某些方面或全面的综合状况做出优劣的判断评定。为了使智慧船闸评价结论尽可能地具有客观性、全面性和科学性,评价指标选取必须遵循一定的选取原则[17]。

(1) 综合性原则

选取的指标要具有综合性,所选指标综合起来应该能够展现船闸结构、功能及适应性等技术性能,同时又能反映出船闸使用者和船闸管理者之间的关系及完整的信息。评价指标模型是较为复杂的系统,由不同的分项指标组合而成,一般单个指标只能评价目标对象的某一方面,每个指标结构科学、合理,并且层次分明,如何划分层次和指标没有一个绝对的客观标准,要根据实际情况而定。选择评价指标,既要考虑正面收益,也要考虑负面风险,只有全方位的指标才能保证评价内容的完整性[27]。

(2) 科学性原则

评价指标体系必须具有科学的理论依据,即指标本身要具有科学性,单个指标理论上应该比较完备,能够完全反映评价对象的某一方面;指标与数据的计算必须以科学理论为依据,客观合理地反映智慧船闸系统的信息。要以科学的理论作为指导原则,如此才能使得所选择的评价指标能够对系统内部的各个要素之间的关系进行科学的反映[27]。

(3) 可比性原则

在确定评价指标和标准时,应考虑时间与空间的变化及影响,合理地选用相对指标和绝对指标,评价指标应不仅适用于一个船闸不同时期的纵向比较,也适合于不同船闸之间的横向比较。

(4) 实用性原则

评价指标体系应力求层次清晰、指标精练、方法简洁,且具有实际应用与推广价值。因此选取的评价指标要具有可操作性、实用性,含义明确且易于被理解,指标量化所需要的资料应收集方便,历史和当前数据资料等的采集应是可靠和科学的,且能够利用现有的方法和模型求解。在设计上要求具有一定的普遍性,并且能够方便操作,能够适用不同的船闸,要能够遵循可操作性以及适用性的原则,这就使得评价模型的各个指标在对含义的解释上要浅显易懂,便于理解,要能够遵循航运的行业规范,并且计算手法要求具有程序化及公式化,能够很方便地进行操作[27]。

(5) 可扩展性原则

评价指标体系可根据实际发展情况对指标体系内容进行增减和修改,以更好地符合智慧船闸的实际情况,更好地评价智慧船闸的性能[27]。

2.7.2 综合评价指标体系的建立

智慧船闸是一个集复杂性、动态性、多源性、融合性、交叉性等多种特点于一体的系统,其建设周期长、组成子系统众多,是一个复杂而庞大的工程。同时,智慧船闸系统本身还在不断完善和发展。智慧船闸社会经济效益评价是通过对系统的技术可行性、经济效益、社会效益做出评价,评价的内涵主要集中体现在以下4个方面[17]:

① 理解智慧船闸建设产生的影响,更好地了解智慧船闸建设和与其相关的船闸条件改善之间的关系。

② 对智慧船闸带来的效益进行量化。

③ 为今后航运智慧船闸的发展提供指导。

④ 对已有的系统运作和设计进行优化。

基于这4个方面的考虑,并根据评价指标体系建立的原则,借鉴国内外智慧船闸社会经济评价的相关成果,以及借鉴智慧城市[26]、智慧交通[17]等的评价指标,可从以下5个方面来综合评价其效益和影响:

(1) 船舶航运成本

该指标的测算主要是基于计量经济学原理,船舶节省的动力能源可作为应用智慧船闸所降低的成本。首先以统计年鉴中船舶的分类为基础,根据智慧船闸覆盖范围内实际运行的船舶种类及所占比例,将船舶分为客货船、货船(包括普通货船、集装箱船、滚装船、载驳货船、散装船等)和危化品船(包括油船、液化气体船、液体化学品船等)[28],结合上述3种船型的销售量及各自的耗能量,估算平均耗能量,选定3种船型中最典型代表船型,测出客货船、货船及危化品船在智慧船闸应用前后相应的耗能量,得出应用智慧船闸后在降低"船舶航运成本"方面所带来的社会经济效益。

(2) 航运时间

边际劳动生产力理论指出,人失去工作时间的价值等于这段时间中个人劳动的价值,即"人力资本"理论。根据客货船的年航运里程可得出智慧船闸运营后一年内为客货船船员节省的航运时间 T_1,根据货船的年航运里程可得出智慧船闸运营后一年内为货船船员节省的航运时间 T_2,根据危化品船舶的年航运里程可得出智慧船闸运营后一年内为危化品船舶船员节省的航运时间 T_3;在此基础上,获取客货船船员总量数据 N_1,货船运行的船员总量数据 N_2,危化品船运行的船员总量数据 N_3;设年客货船单位时间所创造的社会价值量为 V_1,年货船单位时间所创造的社会价值量为 V_2,年危化品船单位时间所创造的社会价值量为 V_3。最后得出智慧船闸每年所有船舶航运时间的量化效益 $V = T_1 \times N_1 \times V_1 + T_2 \times N_2 \times V_2 + T_3 \times N_3 \times V_3$。

(3) 土地资源及船闸基础设施投资

该指标的评价主要是利用增长率的思想,通过历史数据得到未运行智慧船闸情况下未来特定时期内为适应通航要求船闸的增长数量,与新建该船闸时所需的平均成本相乘即可。

(4) 推动相关产业发展和技术进步

相关产业发展和技术进步的评价指标主要采用价值链相关理论进行研究。价值链是产业经济的概念,系统的价值创造是通过一系列活动构成的,可分为基本活动和辅助活动两类,这些互不相同又相互关联的生产经营活动构成了一个创造价值的动态过程,即价值链。评价该指标时,为确定各产业之间联系的紧密程度以及智慧船闸对各大产业影响程度的大小,首先通过总体结构等级分析法确定智慧船闸应用后对相关产业产生影响的等级程度,然后通过等级结构赋予特征年份各行业地区生产总值(GDP)以相应的比例,最后根据产业自身和外部影响因素以及各产业 GDP 的构成进行加权计算。

(5) 其他社会经济效益

由于智慧船闸对水上交通产生的运输需求难以量化,导致智慧船闸带来的其他社会经济效益也较难获得具体的数据,因此难以得出量化的评价结果。因此,可采用船舶调研、对比分析等定性分析法对社会效益进行相关评价。在此基础上通过综合指数法进行处理,主要以调研结果为基础依据,依靠预测人员的丰富实践经验以及主观的判断和分析能力,通过定量化模型估算社会效益评价。

2.7.3 智慧船闸评价指标体系

智慧船闸评价指标体系既要反映对硬件设施建设的评价,又要体现船闸管理角度方面的信息利用评价。

1) 硬件设施建设

从基础设施建设的角度来说,智慧船闸的评价指标体系需要重点考虑以下几个指标：

(1) 水工建筑物自动监测率

该指标是指装有振动、应力、压力监测设备的水工建筑物占所有水工建筑物的比例。

(2) 机电设备监测传感终端安装率

该指标是指各类门机电设备状态(压力、转速等)传感终端在所有设备中的安装率。

(3) 船舶便捷过闸覆盖率

船舶便捷过闸系统及各种电子收费系统是船闸便捷智能的一个重要标志，这些系统的实施将大大缓解过闸待闸的压力。该指标反映采用便捷过闸的船舶在总过闸船舶的占比数。

(4) 船舶抓拍系统安装比例

过闸船舶抓拍系统的功能包括船舶抓拍、长宽丈量、船舶实际过闸数量与调度数量比对等。该系统将会大大减轻人工的工作量，提高工作效率。智慧船闸的过闸船舶抓拍系统可安装在各线船闸闸口、上下游报港区。

(5) 泊船引导系统覆盖率

该指标是指安装泊船引导系统的泊船点占引航道所有泊船点的比例，图2-15所示为泊船引导系统。

图2-15 泊船引导系统

2) 信息利用方面

从信息利用程度和效果来说，智慧船闸的评价指标体系需要重点考虑以下几个指标：

(1) 船员对船闸信息的关注率

该指标是指经常关注各类船闸信息的船员所占的比例(例如可采用船闸官方微信公众号的关注人数除以总登记船舶数)。

(2) 船员过闸引导信息服从率

该指标是指在驾驶船舶时服从过闸引导信息提示的船员所占的比例。

(3) 船员对过闸的满意度

该指标侧重于船员对船舶航行及过闸服务的满意度,以及船员对船闸指示灯、过闸警示灯、引航道、靠船墩、系船钩、泊船点、航道基础设施等硬件设施的主观满意度。

(4) 船闸公共信息的共享度

该指标关注船员和各部门管理者、实施者等在船闸公共信息传播共享中的广度和频度,共享度越高,船闸信息越丰富,船闸决策越精准。

第3章 智慧船闸建设内容

3.1 船闸集中监控系统

3.1.1 业务及现状介绍

船闸设备点位分散,且对安全可靠性要求高,故存在本地和远程设备监视、控制、管理、调度、通信等需求。随着船闸运行管理逐渐趋于"无人值班,少人值守"化,船闸集中监控被广泛运用于船闸日常运行中,逐渐实现了对船闸的监视与控制,为船闸安全可靠地运行提供了技术保障[29]。

船闸集中监控包括船闸控制单元和视频监控单元。

1) 船闸控制单元

船闸控制分为集中控制和现地控制2种[30]。集中控制是在监控中心实现的程序运行,现地控制是指运行人员在上下闸首操作台上实现闸阀门的程序运行、单项运行及闸阀门的单侧点动运行。

船闸控制管理模式结构分为4个层次:现地设备层、现地分散控制层、现地集中控制层、远方集中控制层。

(1) 现地设备层

现地设备层为各线船闸上、下闸首机房室内外的机电设备,主要包括电动机、启闭机、水位计、闸阀门、交通信号灯以及室外照明灯等设备。

(2) 现地分散控制层

现地分散控制层为各线船闸上、下闸首机房室内外的控制和显示设备,主要包括 PLC 及远程 RIO(Remote Input Output)、现地控制操作台、现地控制触摸屏等。现地控制触摸屏平时主要实现各线船闸设备的调试、维护等作用,当船闸监控中心出现故障或控制系统网络出现故障时,用于现地分散控制操作闸、阀门,确保船闸安全畅通。

(3) 现地集中控制层

现地集中控制层与传统各个船闸集中控制层不同之处在于,它不需要任何硬件设备(现地控制触摸屏),通过软件即可实现各线船闸单独集中控制功能。

(4) 远方集中控制层

远方集中控制层(图3-1)由船闸监控中心的监控主机、数据库服务器及打印机等组成,实现对船闸的集中控制、协调管理,同时对船闸的运行情况及故障情况进行数据管理,形成日报表、月报表及年报表。

其中船闸设有操作员工作站,供运行值班人员使用,具有全船闸监视、操作控制命令等功能。

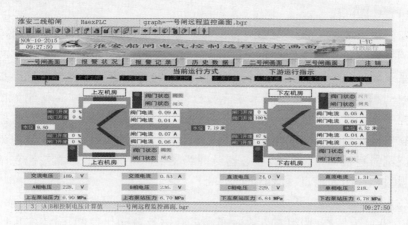

图3-1　船闸控制远程监控画面

2) 视频监控单元

在船闸各关键点安装监控摄像机,通过网络(一般为光纤)汇集至机房的硬盘录像机中,并于大屏幕(见图3-2)中显示,实现对船闸各个关键点的实时监控和录像,保证船闸安全[31]。

图3-2　监控大屏幕

目前大多数船闸均配有船闸监控系统,实现对船闸的实时监控和安全保障。不过随着技术和通航需求的发展,单纯的视频监控系统已不能满足船闸调度、收费及水上ETC等要求。

3.1.2 技术实现探讨

船闸集中监控涉及通信技术、图形显示技术、逻辑关系控制、现场总线处理、上下位软件编程设计、综合数据库设计、船闸控制工艺算法等[32]。

(1) 整体架构

船闸集中监控主要面向船闸管理人员和值班人员,其一般采用B/S架构,通过浏览器即可访问操作界面,从而对整个船闸运行进行监控。对于已有数据采集系统软件(如其他辅助控制部分)的节点,通过组态软件提供的标准数据接口获取动态实时数据;对于尚未建立数据采集系统的节点,则需新建。在闸首的监控中心配置一台数据存储/网络发布的WebAccess服务器,各个监控节点根据软件优化的数据传输协议,将采集到的数据上传至该服务器。管理员可以通过浏览器登录WebAccess服务器对现场的生产情况进行实时监控,包括全部的警报、报表、图表信息、操作记录等。

(2) 控制方式

以PLC为核心,用组态方式对船闸运管进行自动化控制,最终实现船闸管控一体化。船闸集中监控以控制室集中监控为主,现地PLC控制为辅,配以简单的手动控制功能。其中PLC控制系统采用可编程控制器作为控制主机,实现启闭机等设备的监视与控制,并预留以太网通信口,可与集中控制系统进行数据通信,实现现场手动、自动操作以及远程集中控制。图3-3为船闸集中控制网络拓扑图。

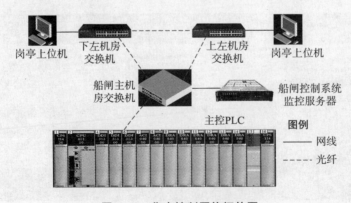

图3-3 集中控制网络拓扑图

(3) 船闸控制工艺设计

船闸8步工艺包括开上阀、开上闸、关上闸、关上阀、开下阀、开下闸、关下闸和关下阀。船闸控制严格按照8步工艺设计,通过上位机发送命令传送给下位PLC控制现地设备。船闸运行上行程序前的状态为:下闸首的闸门处于开终位,上闸首的闸门处于关终位,上、下闸首阀门处于关终位。下行程序与此类似。

3.2 智慧收费系统

3.2.1 业务及现状介绍

人工收费方式需要手动登记、收费与找零,颇费时间与精力,在船舶过闸高峰期,排队时间较长,过闸效率难以提高。智慧收费表现形式有船舶便捷过闸系统(AIS报港、微信缴费,即"一站式"过闸)、"船讯通"手机软件、视频登记、船闸二维码登记系统、E站通等[33]。例如,江苏省高港船闸在全国率先建成"一站式"过闸系统并推广运行,过闸船员无须上岸登记、缴费,过闸流程直接通过手机客户端完成;苏北运河已全线推广"船讯通"手机App,力争多渠道为公众提供航道、船闸运行调度信息,缓解闸船信息不对称问题;目前苏北运河已全线实施过闸"一票通"服务;江苏省淮安市航道管理处研发了视频登记和手机缴费系统、船闸二维码登记系统等;南通已正式启用了E站通,通过手机系统即可完成自主电子申报过闸,船员不上岸便可完成登记和缴费[34],极大地提高了过闸效率。

随着信息技术的发展以及传感技术和短程通信技术等的不断进步,现有的船闸电子收费系统在技术先进性、过闸高效性和服务可靠性等方面都将得到全面提升。在新技术不断发展的背景下,智慧收费应包括船舶远程登记、船舶自动调度、报表统计等业务。

(1) 船舶注册

船舶注册用于新船舶的信息注册,登记人员凭船舶的有效证件据实填写,并上传船舶照片,填写的信息将永久保存至船舶数据库中,船舶的信息将用于登记、收费等功能引用。

(2) 船舶登记

船舶登记提供了船舶到达可报到区域后的报到功能,登记人员录入船舶名称、载货类型等信息,登记完成后便可缴费并等待调度过闸。

(3) 船舶缴费

根据船舶登记信息自动计算需缴纳的费用,并将缴费信息保存至数据库中备查,缴费结束后等待调度过闸通知。船舶缴费还包括缴费信息查询、当班缴费统计、销号船舶退费等功能。

(4) 船舶调度

依据船闸预定义调度规则,根据登记好的船舶信息生成闸次,并形成闸次船舶示意图,提供自动排档以及手动修改功能。船舶调度主要功能为上下游预调、上下游到港确认、上下游过闸确认、开闸记录查询、预调批次管理等。

(5) 特殊业务

特殊业务主要面向对象为船闸管理部门的业务员、管理者和申请过闸的船员,特殊业务的主要内容包括销号处理、销号查询、提放(提前放行)处理、提放查询等。

(6) 交接班管理

交接班管理是指将运值人员的运值记录和交接班操作统一管理,保障运值事务的规范化和标准化,其主要内容包括运值人员交接班操作以及运值信息的查询。

(7) 报表管理

报表管理提供船舶、船员、业务、管理、时间等多个维度的数据分析功能,帮助管理者对业务变化的规律进行分析,以便做好业务维护规划,提高综合管理水平。报表统计的主要功能有日工班过闸征收统计、售票统计日/月/年报表、闸次信息汇总表、放行统计日/月/年报表、工班放行情况流水、工班售票明细、工班日/月/年售票情况表、工班放行日/月/年报表、免征过闸流水、违章信息汇总表等。

(8) 船员服务

船员关注船闸微信公众号后通过手机端软件登记船舶信息,登记结果提交至船闸收费系统。船员收到缴费通知后,可通过手机银行进行线上支付,系统自动将电子发票推送到船员手机,船员可查询、下载、打印已加盖电子签章的发票信息。同时船员可通过手机查询过闸相关信息。

3.2.2 技术实现探讨

智慧收费涉及电子支付、电子发票、微信公众号、AIS 数据采集等技术。

(1) 流程设计

过闸申请由船员发起,系统自动审核过闸船舶的信息流程如下,流程图见图 3-4。

① 船舶行驶到船闸指定的报港区域后,船员可通过微信公众号、手机 App 等进行报港,报港时填写船舶及货物的相关信息。

② 收到船员的报港申请后，系统自动审核该船舶信息，并向船员手机发送缴费提示。

③ 船员根据缴费提示在手机上支付过闸费，缴费成功后系统将生成电子发票并推送至船员手机，同时将缴费成功信息发送至船闸工作人员。

④ 收到船员支付信息后，船舶进入待闸序列，等候过闸调度指令。

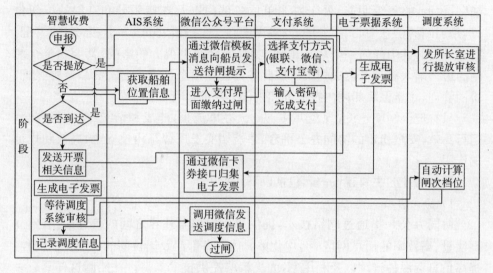

图 3-4　申报过闸流程

（2）电子支付方式

智慧收费的设计应考虑包含微信、手机网银等多种支付方式，并可提供电子发票。

（3）AIS 数据采集

现场安装 AIS 基站，实时采集方圆 10 km 范围内的船载 AIS 数据，完成 AIS 通信基站的数据接收、解析，获取船舶信息，并将船舶信息保存到数据库。船闸管理人员可以查看过闸船舶的位置、航速、航向、状态等实时信息，便于报到登记及身份审核。

3.3　智慧内控系统

3.3.1　业务及现状介绍

所谓智慧内控，即办公自动化，是指通过先进技术的应用，将人们的部分办公业务物化于人以外的各种设备，并由这些设备和办公人员共同完成办公业务的人机信息系统。办公自动化还可以形象地理解成办公人员运用现代科学技术,通过局域网或远程网络,采用各种媒体形式管理和传输信息,改变传统办公的模式,实现无纸办公。

船闸内控肩负着上情下达、对外交往和后勤服务等多种工作。办公室作为船闸内控的主要职能部门,也是船闸管理单位重要的综合办事机构,具有参谋、辅助、协调、服务等职能,处于协调单位各部门以及连接领导和基层的枢纽位置,是船闸的信息中心、服务中心、参谋中心[35]。无论办文、办事、办会,或管理、服务、协调,其中任何一个环节出现问题,都会产生很大的影响,甚至令整个船闸的运行陷入被动或造成损失。因此各办公室信息互通、工作互促、监督互管、协同管理,才能保障船闸内控流程和内部办公的运行工作。

只有健全制度建设、规范办文、办会、办事流程,建成和谐统一、功能齐全、运行高效、安全稳定的协同办公平台,才能切实发挥智慧内控安全、高效和规范的作用。

智慧内控的主要建设内容包括以下几点:

1) 协同办公

协同办公是指通过网络技术,提供单位内部与外界之间的信息交换,建立高质量、高效率的信息网络[36],优化单位内部各部门及岗位间的协同工作流程,提高信息资源的管理以及利用率,为决策层提供技术支持。在船闸这样具有多职能部门的管理单位,如何充分发挥各职能部门的工作效能,进行有效协同,提高信息流通效率、办公效率,是实现智慧内控的关键所在。

目前,船闸管理单位因分管职能众多,处理事务繁杂,容易在管理中出现如下问题:

(1) 信息流通不畅

由于船闸管理单位的内控管理涉及多方面的业务且由多个内设机构共同管理,容易造成"信息孤岛"、信息的非结构化和个性化,给信息管理、信息交流和信息共享,特别是信息的深加工利用带来很大困难,信息不能发挥应有的作用。

(2) 整体效率不高

船闸管理单位下设诸多内设机构,办公管理模式相对松散。管理者和基层员工之间形成了不同的工作圈,这些工作圈之间信息不对称、资源不共享、沟通不流畅,导致运作效率低下、管理成本增加。

(3) 流程落地困难

大部分船闸管理单位在开展实际工作的过程中容易出现组织分散、流程分散、信息分散等问题。

针对上述问题，亟须现代化技术手段辅助办公流程标准化、透明化、便捷化。系统应立足船闸管理人员切身需求和具体办公流程，利用信息化手段开发软件平台，将烦琐的线下办公转变为高效便捷的线上办公。例如京杭运河江苏省交通运输厅苏北航务管理处（简称"苏北处"）在满足机关协同办公需求的基础上，建设办公系统及移动办公系统，开发电子传真、公文交换功能，丰富办公系统应用功能，该系统还提供意见征集、工作计划、通讯录、日程安排、待办事项以及通知公告等功能，同时还建设会议管理系统、资料共享系统、学习交流系统以及后勤管理系统，并且为了保证权利事项内控过程的完整性，以及流程环节的务实易用，进行权利事项的流程梳理和优化，完成内控系统的建设。

2) 计划管理

计划管理作为协作工具和效率工具的同时，也是极为重要的管理控制工具。

3) 资产管理

资产管理属于内控管理的一部分，包括物资采购、维修申请、资产变更、资产报废及物资分类管理。

目前资产管理中存在的问题包括对资产管理物品的填报、更换、记录等流程仅依靠人工作业手段，采用纸质记录的方式。这种管理方式不仅耗费人力，而且效率低下，同时纸质存档不易保存，数据容易丢失。

为节省人力且提高效率，应转变原有的人工管理模式，将资产管理进行电子化存档，方便工作人员查找和记录，也利于单位实时掌控资产管理全过程。

4) 财务管理

在船闸管理单位的内控管理中，财务管理是其中的重要环节。单位财务主要负责会计核销和日常支出的报销工作；负责编报基本支出、项目支出等财务收支预算、决算及各类财务会计报表；负责财务预算、决算及各类财务会计报表，核定收支计划，实施监督检查；负责研究制定认证认可船闸管理收费办法，并进行监督管理；负责职工住房公积金和住房基金的管理、职工工资发放及应缴税金的核算；对部门管辖内的财政状况及项目执行预算进行把控。

5) 后勤管理

后勤管理是对整个管理单位以及人员的生活保障，后勤管理包括办公用品管理、公务出差、访客预约等。

后勤管理涉及单位的物资流动和人员及流程的协调，大部分船闸的后勤管理流程仍为线下纸质审批，费时费力，易造成信息滞后、信息传达不完整等问题。

因此制定相关制度和流程规范是提高办事效率的重要保障,同时配以信息化手段,将线下审批流程转变为线上审批,提高效率的同时还能存档记录。

3.3.2 需求分析

办公自动化的设计思想是以自动化设备为主要处理手段,依靠先进技术的支持,为用户创造一个良好的自动化的办公环境,以提高工作人员的办公效率和信息处理能力。按业务性质,办公业务部门可以分为两类:

① 以程序化信息处理为主要职能的内设机构,如计划、财务、信息中心等。

② 以非程序化信息处理为主要职能的内设机构,如办公、后勤、秘书处等。

前者的职能可通过一般的事务处理系统实现,后者的职能主要依靠办公自动化来实现。针对上述船闸内控管理现状,提出新的内控管理需求。

（1）智能化办公

智能化办公摒弃过去的人工作业及管理模式,引入现代化办公软件替代以往的纸质办公、手动办公模式,提高办公效率。

（2）电子化办公

电子化办公为内控管理所有流程及数据保存提供工单化管理模式,使管理人员办公时做到有据可查、有据可依,信息资讯实时更新,资料一键查找,流程节点随时查看。

（3）多元化手段协同办公

多元化手段协同办公提供PC端和移动端等多元素办公平台,同时融合先进的信息化技术手段,如大数据汇聚与分析技术、微信企业号、人工智能等,在单位各部门以及各人员之间打造现代化、多元化的协同办公管理模式。

（4）专业性软件辅助办公

针对财务管理应选择专业的财务软件并配备专业的财务管理人员,开发出专业性软件辅助办公,确保从下级到上级的流程一致性以及资料传递的准确性和真实性。

（5）定制化办公

针对各个船闸管理单位的组织机构和人员设置量身定制办公系统,使得智能化技术真正做到以人为本、为人服务。

3.3.3 技术实现探讨

本节针对船闸管理单位内控管理的特点,提供一种协同办公平台的业务技术实现思路,如图3-5所示。建设平台同时提供PC端和移动端的应用,满足不同管理人员的办公需求。在满足日常工作处理的同时,与相关单位系统对接,并集成短信、档案、电子邮件等。

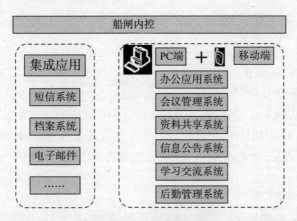

图3-5 智慧内控结构图

集成应用包括短信系统、档案系统、电子邮件。集成短信系统,实现短信收发与短信统计功能;集成档案系统,保证公文的流转和系统的可扩展性,满足内部日常办公业务需求,实现无纸化办公自动化;集成电子邮件系统,实现邮件收发功能。未来集成应用可根据需要对接更多应用系统。

6大功能系统基于PC端,协同办公平台包括办公应用系统、会议管理系统、资料共享系统、信息公告系统、学习交流系统以及后勤管理系统。其中办公应用系统分为公文管理、个人事务、系统管理、公文交换4大模块,满足单位内部日常办公业务需求,实现无纸化办公自动化;会议管理系统主要用于各类会议的管理,提供会议室管理、会议通知、会议资料等功能;资料共享系统主要实现资料的上传、存储、分类、搜索、权限控制以及在线浏览等功能,支持设置共享目的人或目的群组(共享至部门),提供个人资料和部门资料两大分类,实现在电脑、手机等终端检索与共享;信息公告系统是管理单位内部各部门间递交航务信息简报、内部刊物等资料的处理过程;学习交流系统是为提高职工的政治理论素养和业务工作能力,实现年度学习计划的制订、决策部署及发展规划等文件在线学习,以及对参与学习的情况统计考核的功能;后勤管理系统是为了进一步改进后勤管理方式方法,实现办公用品管理、公务出差、访客预约等。各船闸单位可根据实际业务需求开发新的应用系统,同时,平台可在PC端应用的基础上开发基于移动端的移动办公平台,使工作人员随时随地均能进行"掌上办公"。

3.4 智慧调度系统

3.4.1 业务及现状介绍

调度是船闸运行管理中的重要环节,调度工作的优劣直接影响到船舶的安全和进出闸速度,甚至影响一定范围内的航道状况。只有科学调度,才能充分发挥船闸的经济效益和社会效益,才能保证过闸船舶和船闸设施的安全。

远方调度站设置于距船闸上下游闸首一定距离处,是为过闸船舶提供登记、购票、调度、待闸船舶秩序管理、过闸事务咨询等业务的服务场所。根据待闸船舶数量,可设置一级远方调度站、二级远方调度站,分别实施一级调度、二级调度。

(1) 一级调度

在较为繁忙的船闸,为了保证待闸船舶快速、安全、有序进出船闸,通常设置一级远方调度站,由一级远方调度站的设立而实施的调度称为一级调度。目前,设置一级远方调度站的基本上都是中型以上的船闸(如运河航道船闸)。通常情况下,京杭运河航道船闸远方调度站设置在距船闸上、下闸首 1 500 m 处及其他航道船闸 800 m 处。有些小型船闸,如徐州的沙集船闸、扬州的中港船闸等,因为长年通行船舶较少,船舶基本上随到随放,过闸船舶一般都直接在引航道停靠,无须设立远方调度站。

(2) 二级调度

在过闸船舶繁忙的船闸,为合理分布待闸船舶停靠区域,减轻一级远方调度站调度压力,保证航道安全畅通,需要临时设置二级远方调度站。如京杭运河苏北段各船闸,遇有船舶大量积压时通常设置二级远方调度站。二级远方调度站的设置可以根据各船闸的特点,结合当地的水文、航道断面情况而定。

船舶接受调度的流程为:

① 待闸停泊:过闸船舶在登记前,在船闸画定的停泊区依次分类停靠。

② 登记受理。

③ 缴纳过闸费。

④ 预备调度:根据调度计划,为保证船闸正常运行需要,提前发布调度信息,指引船舶到达指定区域。一般采用短信平台、甚高频、室外大屏幕、广播等设备发布。

⑤ 正式调度:被调度船舶具备进入引航道条件时正式发布调度指令。

3.4.2 技术实现探讨

过去一般都采用人工调船方式，因此船闸工作人员的技术水平高低、工作经验多少、工作责任心优劣、劳动状态好坏直接影响着船舶调度的质量。部分繁忙船闸为提高闸室利用率，通过人工绘制档位图实行闸外编制，这方法存在很大的不足，一方面由于工作效率低难以推广实施，另一方面人工绘制档位图的质量也难以得到保证。

目前可采用档位图智能排档系统，运用先进的编排算法对过闸船舶进行调度，加快船舶过闸速度，减少船员过闸等待时间。

以往闸、船间信息仅靠甚高频联系，船闸调度信息要么由船员通过电台问询，要么派人到远调站看号。如无法及时准确地告知信息，往往造成调度上的延误，导致船闸运行效率的降低。船员因担心不能及时进闸造成过号，所以会支付一定的报酬委托他人看号，因此也容易滋生行业不正之风，影响行业形象。而使用微信信息推送、智能调度语音播报等手段，能够实时传达过闸船舶信息，通知船员何时过闸以及在闸室停靠的具体位置，提高船闸工作人员服务水平，方便船员过闸。

1) 档位图智能排档系统

（1）智能排档数学模型

引入计算机算法，由队列、队列选择规则、指标变量等构成的可设定式多重、多约束复杂条件管理参数，在满足多重、多约束条件筛选得到的可行解集合中，对每个船舶的等待过闸的时间成本计量，同时考虑船员待闸时间心理界限因素，设立一系列可调节参数点，实现业务人员方便调节、智能调度的目的，自动考量各管理因素和时间成本因素并最终选取最佳方案，这个算法可以为平衡社会因素、操作管理因素、船员心理因素、科学性因素提供广适性的综合解决方案[37]。

（2）多闸室智能排档

每闸待选船舶集扩大为所有待闸船只或足够大的数量集，在得出所有可行的单次过闸方案的基础上，基于等待过闸的时间成本最优化原则实现数学建模，以单一的过闸时间成本作为指标，比单闸次优化考虑方案加大了组合合理的可能。

（3）多级船闸联合调度

根据通航船舶、待闸船舶、航道通航状况、船闸运行等综合状况，对在区域内的多级船闸间的待闸、过闸和在航船舶，借助多级船闸联合调度数学模型及算法进行计算，通过对全区域船闸的集中调度和编排，将船舶合理地分散至全航道,进行可控和有序化的调控,实现区域内船闸间的整体联合调度。

该系统按照船舶的大小合理地安排闸室空间,对过闸船舶进行智能化调度,不再需要人工进行登记和排档,有效提高船闸闸室的利用率,提升船闸的船舶通过效率,缓解船闸堵档现象,图3-6为档位图智能排档系统流程示意图。

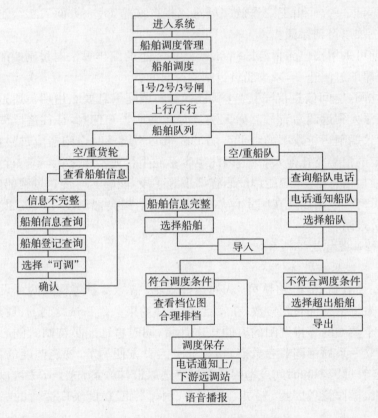

图3-6 档位图智能排档系统示意图

2) 智能调度语音播报平台

智能调度语音播报平台具有电话语音调度功能,通过拨打船舶随船电话,及时播报调度信息,避免船员错过过闸排号。平台还具有语音播报功能,能够通过甚高频以及广播等方式对过闸船舶信息进行实时播报,分为上行、下行两个模板,分别播报上行调度内容和下行调度内容。该平台使船员及时了解自己何时过闸,能够合理安排等待时间。

3.5 智慧安全系统

3.5.1 业务及现状介绍

对船闸安全具有威胁的因素分为 4 类：物的不安全状态、人的不安全行为、环境的不安全因素以及管理缺陷（见表 3-1）。

表 3-1 影响船闸安全的因素

类别	因素
物	1. 设备故障 2. 进出闸夹档 3. 超高船舶撞击横跨人行桥 4. 船舶超过安全警戒线，泄水时搁浅闸台或撞击闸门 5. 闸门关终时错位 ……
人	1. 违章操作：未按安全操作规程操作 2. 违章指挥：闸门未开到边时，指挥船舶进闸 3. 船舶进出闸时，船口值班人员不在岗 4. 闸门运行时，有人站在闸门上 ……
环境	雨、雾、雪、雷电天气及夜晚
管理	1. 未建立相关制度 2. 未进行教育培训 ……

目前国内外船闸在安全监管方面主要有以下几个方面的措施：

（1）制度措施

目前已形成了一系列的管理制度体系，几乎涵盖了船闸所涉及的方方面面。其中对于船闸安全运行方面，包含这几项规定，如船闸电气操作规范、运值人员操作规范、安全巡检规范、故障应急预案流程。这一系列规章制度的严格实施对于船闸的安全运行起到了十分关键的作用。

（2）船闸安全教育培训

船闸安全教育培训既是船闸各级主管部门的要求，也是安全生产法的规定内容。通过知识培训，帮助船闸工作人员了解安全形势、明确安全重点、把握安全要点，不断推动单位安全生产稳定向前。目前船闸安全教育培训形式有开展安全生产宣传、教育,定期组织安全生产活动,每年至少组织一次安全生产知识考试等形式,对职工进行安全生产、劳动保护、安全生产方针政策和本单位安全生产各项制度的宣传教育,提高职工安全意识。

(3) 电气安全控制

电气控制是船闸运行的动力保障,也是船闸运行安全的重点区域。对于电气控制,各船闸基本都采用稳定性极高的 PLC 控制系统来保障运行的可靠性,同时电气系统配备了大量的限位开关,各类温度、压力传感器实时监测电气系统的运行参数,一旦发现异常,电气系统会根据设定好的规则,自动采取紧急措施,并且通过配套的软件向船闸管理人员发出报警,通知相关人员处理故障。

(4) 视频监控系统

视频监控系统也是船闸安全运行的重要保障,视频监控系统能够通过在不同位置不同角度安装的摄像头,实现无盲区的监控覆盖,解决了运值人员可视范围局限的问题,对局部区域有了远程的感知能力,提高了船闸安全运行的可靠性。

但是在船闸实际运行过程中,在安全方面仍然存在以下不足:

(1) 管理基本依赖人工

安全管理方面基本上需要依靠船闸工作人员来完成,对于人员自身安全意识的依赖程度高,一方面无形中提高了对人员素质的要求,另一方面增加了操作人员的劳动强度,需要在数次多方面确认无误后才能进行下一步操作。

(2) 监管精细度不足

视频监控虽然可以解决局部重点区域的监管问题,但重点区域监控画面众多,且均显示在同一个显示器,肉眼基本只能看到区域概貌,若需看清局部细节,则需手动定位画面并放大查看,极为不便。

(3) 自动化程度低

对于船闸大部分安全监管的场景,多数依靠人眼或者视频监控,缺乏相应的智能化手段。若能利用智能化安全产品辅助监管,则可大大减轻工作人员的劳动强度。

3.5.2 业务流程设计

船闸智慧安全的实现离不开智能安全产品的辅助,其业务流程应当基于船闸运行流程,通过安全产品的应用实现全流程的安全辅助管理。设计架构图如图 3-7 所示。

智慧安全分为三个部分:运行安全、助航安全、过闸安全,从不同方面合力保障船闸安全。

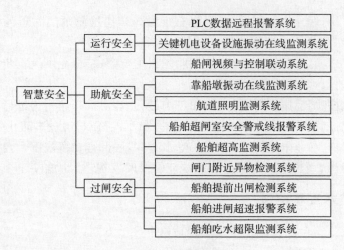

图3-7 设计架构图

(1) 运行安全

① PLC数据远程报警系统:船闸运行过程中,PLC发出报警信号,若值班人员警惕性不够,容易忽略报警信息,从而埋下安全隐患。而远程报警可以将报警信号直接发送至管理人员,有利于及时排除隐患。

② 关键机电设备设施振动在线监测系统:监测关键机电设备设施振动情况,以便在早期及时发现异常情况,并给出解决方案。

③ 船闸视频与控制联动系统:由于船闸监控画面数量众多且多在小屏幕显示,值班人员难以看清监控细节;同时在船闸运行时,值班人员需要根据运行步骤查看不同的画面,寻找的过程较为烦琐。为解决该问题,可部署视频与控制联动系统。该系统根据不同步骤显示不同画面,解决了画面小且不能自动切换的问题,减轻了值班人员的劳动强度。

(2) 助航安全

① 靠船墩振动在线监测系统:实时监测靠船墩振动情况,一旦发现振动异常,则发出报警,通知相关人员查看,排除险情。

② 航道照明监测系统:监测所有船闸上下游引航道相关照明设备,及时发现损坏及异常设备,通知相关人员进行修复,保障航道照明充足,确保航行安全。

(3) 过闸安全

① 船舶超闸室安全警戒线报警系统:对于超过闸室安全警戒线停靠的船舶进行报警提醒。防止因为停靠不当对闸门造成撞击风险,以及在闸台搁浅的风险[19]。

② 船舶超高监测系统:对于超高船舶进行及时预警,防止因高度超限撞击人行横桥及其他设施。

③ 闸门附近异物监测系统:通过三维激光扫描检测闸门附近的异常物体,如小渔船等,防止闸门动作时发生事故。

④ 船舶提前出闸检测系统:检测船舶出闸行为,结合船闸运行步骤,对在闸门未开启到位即动身出闸的船闸进行报警提示。

⑤ 船舶进闸超速报警系统:船舶进闸过程中,对其超速行为进行检测,一旦发现超速船舶,即发出报警提醒船闸工作人员和船员双方注意,防止发生意外。

⑥ 船舶吃水超限监测系统:船舶吃水过深,底部容易搁浅闸台,给船闸安全运行带来隐患,通过吃水超限监测系统能够及时发现超限船舶并进行处理。

3.5.3 技术实现探讨

实现智慧安全的关键技术主要包括以下3个方面:

(1) 智慧传感

传感是智慧的前提,对数据及异常情况的感知能力直接决定数据质量和安全可靠性。例如,船舶超闸室安全警戒线报警系统采用了激光视觉的技术方案,技术原理如图3-8所示。

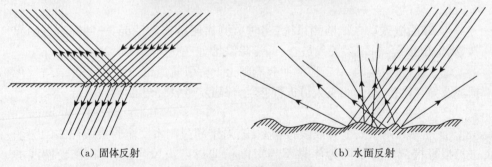

(a) 固体反射　　　　　　　　　(b) 水面反射

图 3-8　激光检测原理图

将激光照射在指定位置的水面上,利用水面和固体反射率的不同,采用光学感知手段感知反射强度的差别来区分固体和液体,据此判断出照射点是水面还是船舶。

(2) 智慧传输

数据采集后传输至船闸中控中心,以做后续分析。传统设计多采用光纤及以太网传输,该方案成熟可靠、稳定性高、数据传输稳定。但是随着传感数量和单元的快速增长,若采用光纤及以太网传输的方式,对原有的船闸布线将会产生较大的影响,且线路布设复杂、施工难度高。故智慧传输拟用有线、无线,局域、广域结合的方式,令数据传输方案灵活简便。其中基于 NB-IoT 的技术应用,极大地突破了传感器布设的空间限制,使得大范围统一布设的方案成为可能,NB-IoT 是 IoT 领域的一个新兴技术,支持低功耗设备在广域网的蜂窝数据连接,也被叫作低功耗广域网(Low-Power Wide-Area Network,LP-WAN)。NB-IoT 支持待机时间长、对网络连接要求较高设备的高效连接,同时还能提供非常全面的室内蜂窝数据连接覆盖。网络传输示意图见图 3-9。

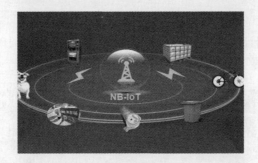

图 3-9 网络传输示意图

(3) 智慧联动

在传感层和传输层布设大量的传感器和传输线路,目的在于对不同场景的安全要素进行采集并传输,并于分析后得到船闸安全风险点的状态集合。该集合被称为安全要素,安全要素的管理是智慧安全工作的重点。通过安全要素联动式应用,可以实现底层传感与船闸安全运行的实时关联。

3.6 智慧稽查系统

3.6.1 业务及现状介绍

对过闸船舶进行稽查复核是体现公平、公正,维护船员们的正当利益必不可少的一项工作,是一项长效管理举措,对进一步形成公平、有序的船闸运行环境意义重大。稽查复核的工作内容包括以下几方面：

(1) 查尺寸

该项稽查复核的主要内容是丈量复核船舶的长宽、干舷高度，如图3-10，计算船舶总吨位，该项稽查的作用是为计算过闸费提供计费基数。

图3-10 船舶尺寸

(2) 查船证

该项稽查复核的主要内容是确认过闸船舶船名及证件，如图3-11，该项稽查的作用是杜绝船证不符、顶号冒号、大船小簿（登记时用小船，实际过闸时却是大船，以达到少缴费的目的）的现象。

 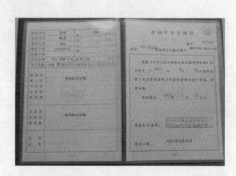

图3-11 船舶营业运输证

(3) 查超载

该项稽查复核的主要内容是丈量船舶吃水，估算船舶载重吨位，目的在于稽查重载船舶是否超载超限。

(4) 查数量

该项稽查复核的主要内容是核对登记数量与实际过闸数量，目的在于稽查是否有船舶漏缴费的情况。

(5) 查秩序

该项稽查复核的主要内容是检查是否有提前过闸、提前登记、未经调度擅自进入引航道等行为,目的在于规范过闸秩序,保障过闸安全。

(6) 查违章

该项稽查复核的主要内容是关注过闸船舶的航行轨迹,目的在于杜绝船舶逆行、超速、超高等危险行为,保障船闸设施和船舶的安全。

(7) 查危化品

该项稽查复核的主要内容是稽查危险品船舶瞒报、漏报情况,目的在于杜绝未登记危险品船舶过闸,保障船舶过闸安全。

(8) 查标识

该项稽查复核的主要内容是稽查船舶标志标识是否齐全、船名船号是否存在遮挡,目的在于明确船舶身份。

稽查内容多,工作任务重,责任大,目前各船闸单位多采用稽查部分内容,且主要采用抽查、专项整治活动的形式。由于稽查力量有限,目前过闸船舶依然存在漏缴少缴等损害国家利益的现象,提前过闸、提前登记等扰乱过闸秩序的行为仍时有发生。

部分船闸管理机构会定期举行船舶过闸费稽查专项活动,从不同船闸抽调稽查骨干,成立稽查组[38]。稽查组重点检查过闸船舶的航行轨迹、超载情况、本航次过闸船舶的缴费情况、是否有冒用其他船舶信息过闸情况以及是否有船舶提前登记、未经调度擅自进入引航道、船舶标志标识不齐全、遮挡船名船号等违章行为。稽查专项活动往往能取得立竿见影的效果,可在稽查期间杜绝诸多违章行为。图3-12为2017年度淮阴船闸稽查组工作照片。稽查重点包括丈量复核、航行轨迹、超载现象、缴费情况和冒用信息等。稽查过程中发现如下问题:

图 3-12 工作人员上船稽查

(1) 部分运输船队通过大船小簿手段逃漏过闸费

部分从事短途建材类运输船队存有不同程度的大船小簿现象。

(2) 部分船舶船名、载重线标识不清

变更信息的船队,其驳船船名管理松散,为应对检查,有的驳船无明显的船号;或一个船体上有多个船号,或船号有多次更改痕迹;或用胶带纸、磁铁粘贴,有的甚至直接用油漆喷涂船名号(见图 3-13)。船舶标识不清,给船主随意调换驳船带来便利,驳船间相互冒用、混用,给船舶过闸管理带来了困难。现场复核中,如何核实船名号占用了稽查大量时间和精力,也使稽查工作成效大打折扣、稽查工作进展困难。

图 3-13 船名不清

船舶载重线标识不清(见图 3-14)。部分船舶的载重线标识违规,未按照规定用白色或黄色油漆醒目标识;部分船舶没有载重线标识;部分船舶人为改变载重线标识位置。此类行为让本来可以远距离观测实现的超载确定,变成必须登船现场测量实际干舷,大大增加了核查难度。

图 3-14 载重线不清

(3) 超载过闸费征收不足

在某次对船队开展的专项稽查中发现,除了运输焦炭的船队外,其余类型船舶均存有不同程度的超载。每支船队少则一两艘,多则六七艘(见图3-15)。据现场观测,部分货轮也存在超载未加收过闸费现象。经过分析,可能存在以下几个原因:一是征收激励措施缺失,查补超载过闸费动力不足;二是水上ETC、一票通等服务手段带来过闸便利的同时,也造成现场核查超载的困难;三是船闸运管单位出于行风建设的担忧,不愿意开展现场核查;四是瞒报超载处罚依据不足,缺少政策层面的支持。

图3-15 船舶超载

(4) 船证不符

通过对船队开展的专项稽查发现,部分船队存在船证不符的情况(见图3-16),少部分船主为达到提前过闸、少缴过闸费等不正当目的,采取顶号、盗号等不正当手段,严重损害了运行秩序,侵害了遵章守纪的船员利益。

图3-16 用磁石篡改船名号

船籍港[39],也称"船舶登记港",即船舶所有人办理船舶所有权登记的港口,依据管理规定,船舶的船籍港名称应在船舶国籍证书、船舶登记书内载明,并在船尾明显标出。如图3-16所示,某江苏籍船队驳船的船籍港和船名号竟然全部是用磁石临时固定。针对船证不符的情况,一般的离岸检查很难将其揪出,只有通过上船稽查才能查出此类情况。

对京杭运河苏北处各下辖船闸、泰州引江河管理处高港船闸、三峡船闸等现场一线调研考察的结果表明,除上述稽查过程中发现的问题外,还存在一些特殊情况。比如在类似高港船闸、三峡船闸等船舶通行量较大、排队时间较长且采用AIS报港的船闸中,存在严重的插队现象,即船员把AIS设备拆下,或另购AIS设备,提前拿到报港地点进行报港,以达到提前登记的目的。此举扰乱了正常的登记调度秩序,照章排队的船员对此意见非常大。

3.6.2 需求分析

目前绝大部分稽查复核工作都需要登船测量,工作量巨大,而稽查力量又十分有限,无法做到每船必量,尚存在违规空间。无论负责稽查的领导还是一线稽查人员,均希望能依托技术手段减少登船次数,自动完成稽查复核中的绝大部分工作。

3.6.3 技术实现探讨

(1) 丈量长宽

自动丈量船舶尺寸的技术包括视频、激光、雷达等技术。基于视频的技术已经在高港船闸、杨庄船闸等地投入了使用,该技术将在第8章"智慧稽查案例"中进行详细讲解。

激光传感器测量船舶时,测量到的是船舶宽度和水面上高度,如图3-17,假设点与点之间为直线,便可得到船舶的二维外形。测量的点越多,其结果就越可靠。

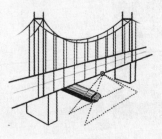 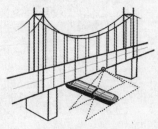 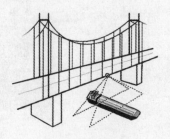

(a) 船头进入检测区　　　　(b) 船身进入检测区　　　　(c) 即将离开检测区

图3-17　激光测量示意图

安装在桥梁中央的两台二维激光传感器，如图3-17，以不同的角度对正下方的航道进行不间断地扫描。采集到的数据经滤波处理传输到计算机，将采集到的船舶断面和速度的两路激光数据进行实时匹配、处理，最终计算出船舶的三维尺寸和数量。

基于激光传感器的船舶尺寸丈量技术已应用于"苏南运河无锡段'感知航道'信息化工程"中船舶交通量的统计分析[40]。激光传感器实物图见图3-18。

图3-18　激光传感器实物图

但基于激光的方法也存在如下不足之处[41]：

① 设备质量重，一个发射头及其配套设备重达30 kg。

② 体积较大，安装麻烦，一般需要桥梁等架空设施。

③ 维护困难，需定期检查激光头的运行性能、除尘，水位变化时还需技术人员到现场调试软件。

④ 造价不菲，一个观测点费用在50万左右，故使用范围有限。

这些因素制约了激光技术的应用范围，例如江苏省航道局放弃了对该技术的推广，转而寻求基于视频等通用、轻型化的技术和设备的替代方案。

（2）丈量载重吨（吃水）

船舶吃水检测技术国内外已有较多研究，压力传感、电子水尺、激光干舷检测等技术方法已有相关研究或应用，但相关的检测装置一般需要安装在船上，且检测本身大多依赖于船舶自身水尺标识的准确性。此类方法主要供船舶公司、船主在船舶配载、核载时使用，无法满足航运管理及海事执法部门对船舶吃水测量进行离船快速检测和动态预警的需要。经相关调研和理论分析，实现离船快速检测的技术方法主要集中在水下摄像、激光扫描和超声波检测等几个方向[42]。例如上文中的激光技术通过船舶长宽推算出船舶的吨位，再利用水面上高度计算出船舶的吃水，是一种间接测量吃水的手段。除此之外还有利用图像分析技术，水声呐扫测等方法。

由于光线在水介质中衰减较大,水中的杂质如泥沙、浑浊物等影响光的吸收,造成严重散射,衰减远远高于清水环境。同时由于激光在水中的传输距离与衰减呈指数关系,而大幅提升激光的强度或传感器的灵敏度较为困难,因此依赖光线在水中传输、反射进行检测的水下摄像、激光扫描方法均不适用于汛期水质的内河检测。各种吃水检测技术方法的比选如表3-2所示。

表3-2 各种吃水检测技术方法比选

检测方法		检测精度	能否实现离船检测	离船检测有效距离
水尺人工观察		一般	是	小
机械装置检测		高	否	—
水压力传感器检测		较高	否	—
电子水尺检测		较高	否	—
图像处理及识别	水尺标识检测	较高	否	—
	系船柱识别	一般	是	有限
激光测距或扫描	激光测距(干舷检测)	高	否	—
	激光光幕扫描	较高	是	有限
超声波测距或扫描	单波束阵列检测	较高	是	较大
	多波束侧向扫描	较高	是	较大

目前测量船舶吃水的设备有武汉理工大学的骆国强等人研制的手持式智能船舶吃水及载重测量仪[43],利用激光测距方法采用多点来测量船舶吃水,从而计算出船舶的载重量,测量仪的结构如图3-19。但这种方式仍需登船测量,工作量并未减少。

大连海事大学的熊木地[44]等人设计了升降式单波束超声波检测门测量。在安装架上安装了一排单

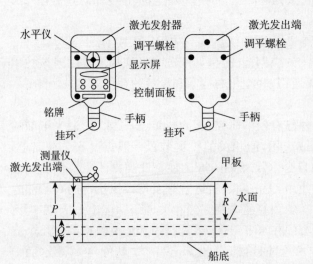

图3-19 测量仪结构及使用示意图

波束测深传感器(检测门),超声波传感器垂直向上发送超声波(如图3-20所示)。

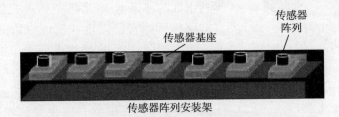

图3-20 升降式单波束超声波检测门

当有船舶经过其上方时,超声波被船底反射,超声波传感器阵列接收反射波,再经数据处理和计算分析进而判断出船舶底部距传感器的最小距离 T_{min},同时阵列中船舶水线面投影范围以外的传感器发射的超声波将被水面反射,进而可测得传感器位于水下的深度 H,另外 H 值还可通过水压力传感器或检测支架拖动系统中位置传感器进行检测或校核。

船舶吃水:

$$D = H - T_{min}$$

式中:D 为船舶吃水;H 为传感器水下深度;T_{min} 为船舶底部距传感器的最小距离。

单波束阵列检测技术方案具有覆盖面积大、容错性好、检测系统成本低、技术成熟等众多优势,与多波束侧向扫描技术方案相比,设备投资相对较低,后台处理软件可自主开发,有利于形成自主知识产权。

这种方法工作水深需要固定。因航道水深变化剧烈,所以需要在吃水检测门安装自动升降装置(见图3-21),以适应航道水位的变化。

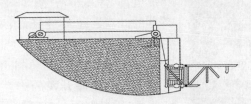

图3-21 吃水检测门两端升降结构图

由于需要升降机构,而且测深传感器也经常需要升出水面清洗,这套系统在实际工程中应用甚少,目前仅在三峡船闸等处应用。

上文提到的测深传感器测距方向是向上扫描,盐邵船闸吃水深度测量系统使用的也是单波束测深传感器,但测量方向是侧扫[45],该种测量方法已经成功应用到苏北运河船舶吃水稽查系统中。

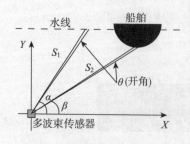

图 3‑22 多波束侧向扫描示意图

多波束实质是由一组单波束按不同发射角排列组成的波束扇面,多波束侧向扫描方案是将多波束传感器安装固定在航道一边的侧壁或竖直支架上,其入水深度原则上应大于被测船舶最大可能的吃水深度。多波束传感器向被测船舶的船舷侧面及底部发射多束超声波,超声波经船体表面反射回来,传感器接收反射回波,得到相应的测距数据,经计算机处理就可以形成船舷一侧及底部图形,同时得到吃水深度数据[42]。吃水检测基本原理如图 3‑22 所示。

船舶吃水:

$$D = S_1 \times \sin\alpha - S_2 \times \sin\beta$$

式中:D 为船舶吃水;S_1 为至水面的波束斜距,α 为该波束对应的波束发射角;S_2 为至船底的波束斜距,β 为该波束对应的波束发射角。

无论侧扫或上扫,这种方式的施工难度都非常大,特殊情况下还需要在闸壁上开槽,这对于已建成的船闸是不可接受的。另外日常保养也非常困难烦琐,需经常清淤。

理论上多波束检测的误差取决于其单波束开角 θ 的大小,单波束开角 θ 越小,精度越高。目前一些多波束传感器在 120°扇形波束中单波束数量可达 480 个,则每个单波束开角 θ 仅 0.25°,对于吃水 10 m 以内的船舶,检测误差可小于 ±0.05 m。

图 3‑23 多波束传感器

多波束侧向扫描方案的优点是波束传感器集成度高,体积小巧(图 3‑23 为一种多波束传感器的外观),可靠性好,拓展应用可安装在执法检查船上实现移动检测功能。但多波束传感器目前主要依靠进口,价格昂贵,且后台处理软件自主进行拓展开发的难度大,若要随船安装实现移动检测的功能还需配备与多波束传感器配套的电罗经、姿态传感器、GPS 定位仪和声速剖面仪等外围设备,则投入更大、集成难度较高。

3.7 智慧养护系统

管理部门对船闸的建设和养护工作十分重视。但随着时代的发展,船闸养护管理工作特点发生转变,工作中出现一些新情况、新问题,需要认真分析、妥善解决。

船闸养护管理不能停留在低水平的保养维修层面上,要以发展的眼光看待船闸养护管理。应当注重管理人才的培养,通过信息化手段辅助养护管理工作,利用数据为养护管理、维修改造乃至新的船闸建设提供可靠、明了的决策依据。

3.7.1 业务及现状介绍

维修养护是船闸管理中最主要的工序,只有船闸养护良好,才能有一个安全、快速、高效率的通航过程[46]。船闸养护管理工作主要包括以下几个方面:

1) 日常养护

(1) 对通信、机电设备、闸阀门以及助航设备等进行维护,且需做好防火、防锈以及防蚀等工作,避免出现破坏以及被盗窃的问题。

(2) 将安全标志以及保护装置设置在与工程安全和人身安全相关的部位,并定期检查各种安全设施,包括供电、避雷以及防火等设施,及时做好更换或维修工作。

(3) 救生器材、消防以及抢险工具等是船闸所必须配备的相关设施。对船闸建筑物以及相关配套设备进行维护保养时,必须形成制度,按规定做到日常养护、及时维修。

(4) 在船闸保养工作中,通常包括例行保养与定期保养两方面。在例行保养工作中,需要对机械设备以及机房、操作室等进行运行工况的巡查、维护,同时开展清洁以及润滑工作。

在定期保养工作中,保养时间根据各类设备的养护和运行频次等规范进行划分,主要可以分为两个级别,分别是一级保养与二级保养[47]。一级保养,每月进行一次,重点检查、维护机电设备运行频次频繁的部位。二级保养,每季度进行一次,重点检查与拆检运转部件以及机电设备运行频次低的部位,同时对损坏的零部件进行更换、调试,并及时排除设备故障。

2) 预防性养护

船闸预防性养护是一种在船闸使用性能良好的情况下采取的对现有船闸设施进行有计划的、基于费用—效益的养护策略。作为一种主动式养护,其目的是在没有提高船闸等级及其设施结构能力的前提下,延缓损坏,维持或改善航道功能状况,通过延长原有船闸设施健康寿命来推迟昂贵的大修和重建活动,形成良性循环;在养护资金有限的情况下,充分利用养护资金,有效减少病害;借助多种科学技术,促进养护现代化,调动养护工作者的能动性[48]。

预防性养护的核心是要求采用"最佳成本—效果"的养护措施,强调养护管理的计划性。预防性养护可分为三种状态:当船闸发生病害后,通过养护措施使船闸恢复到发生病害之前相同的状态,称为最小养护;如果船闸经过养护后变成全新状态,称为完全养护;如果船闸经过养护之后处于较新状态,即介于完全养护和最小养护之间,称为不完全养护。本节研究的船闸养护属于不完全养护,因为如果不采取重建或整治,通常船闸修复后基本上都无法恢复到全新的状态。

如何保持船闸完好并不断改善技术状况,降低养护成本,延长使用寿命,保障畅通、高效、平安、绿色的特征,已成为目前船闸养护面临的重要课题。预防性养护作为一种延迟大修期限、减少日常养护及大修费用的措施,可以从技术和规章制度两方面来保障船闸正常营运工作。

3.7.2 需求分析

管理者做决策时所利用的是一幅简单的图景,也就是管理者认为最要紧、最关键的因素的图景。由于船闸数据量大、分散,难以进行系统分析和有效利用,必然使得管理者陷入繁杂、混乱的境地,在对船闸设施、设备进行安全状况的评估分析时非常困扰,对于设备何时需要维修保养,维护到何种程度都不是很清楚,只能凭经验行事。

因此非常有必要建立和完善船闸养护信息系统,帮助管理者收集和处理庞杂的信息,化繁为简,提供直观的、有实用价值的信息成果。

要达到此目的,一方面需要为船闸现有的设备、设施建立数据化档案;另一方面通过调研确定影响船闸运行安全的关键参数及其采集方法,完善设备和其他影响因素的基础数据。在此基础上,研究开发船闸管理系统,将原有的多个独立系统信息整合,通过对数据的分析整理与故障现象的相关性分析,及时发现设备的故障趋势和安全隐患,增强船闸预警预控手段,提升设备维护保障水平,为船闸的养护管理决策提供科学依据。通过上述加强船闸养护与管理的关键措施,并结合实际船闸养护管理工作内容,利用信息化手段和技术充分实现养护管理、养护工作和其他养护需求,打造"智慧养护"新模式。

从养护工作的具体业务出发,智慧养护具有如下需求:

1) 养护管理

(1) 个人及单位年度养护工作评价

① 通过信息化手段,对个人及单位年度养护工作的评价依据进行统计分析,并利用智能算法进行评价。

② 对评价依据以及结果进行直观展现。

(2) 养护工作决策

① 既要提供全局化的养护数据展现,也要提供相关细节数据以及历史数据的展现。

② 采用智能算法辅助养护决策,考虑不同决策依据对决策结果的影响,形成智能化的决策系统。

2) 养护工作

(1) 船闸和航道的养护业务概况

① 船闸养护业务概况

主要负责船闸正常维修保养、大修、中修、小修和技术改造工作,保持和改善船闸设备设施使用技术状况,保持和改善闸区生活、办公及通航环境。

② 航道养护业务概况

维护航道通航技术等级,保护航道设施,依法制止违章建筑,审批临、跨河建筑物,负责航标维护管理工作,定期进行航道清障扫床、航道测量,负责实施航道疏浚和航道工程建设以及做好本站车、船固定资产的管理和维护等工作。

(2) 日常巡检工作需求

通过信息化建设促进日常巡检工作的规范化、标准化、数字化、便捷化。

① 实现巡检工作的标准流程指引管理。

② 实现巡检人员与巡检对象的位置对比校验。

③ 提供便捷化的巡检方式,增强巡检人员的多元化表达能力。

④ 智能生成、分配日常巡检工作任务,形成巡检到检修的闭环管理。

⑤ 对漏检、漏填及数据异常情况及时提醒。

⑥ 形成数字化的巡检记录,积累养护数据,为养护管理智能辅助决策提供数据支撑。

(3) PLC 信号监测需求

对船闸 PLC 数据进行远程汇聚、分类存储及综合应用。

① 对 PLC 数据远程汇聚、存储及船闸运行状况实时展示。

② 对 PLC 报警数据智能分发及处理。

③ 综合分析应用 PLC 数据,为设备设施的技术状况评估及故障远程诊断、处置提供数据支撑。

④ 将PLC信息融合到GIS地图中,方便查询。

(4) 关键设施设备状态监测需求

通过对关键设施设备(如启闭机、闸阀门等)评估技术进行研究,分析其各项评估技术指标的采集方法,通过加装传感器等方式,对部分关键设备设施进行24 h监测,综合其他数据对设备设施状况进行智能评价,实现对关键设备设施的预防性养护,并且能够将报警信息智能分发。例如对闸门布设应力传感器,对闸门的应力情况进行实时监测与分析,判断闸门是否受到撞击或者在运动过程中是否遇到障碍物。

(5) 航道巡查需求

通过信息化建设实现对航道巡查工作的精细化管理。

① 为航道巡查提供定时定点提醒功能,发现问题时,能够通过移动终端设备记录当前定位,并转换为航道确定的桩号位置。

② 航道巡查过程需要对航道进行全景拍摄并存储,并可远程访问。

③ 航道断面数据可上传到系统,并统一管理,且可生成直观的图像进行展示,以及与历史断面数据进行对比分析。

④ 对接航标遥测系统和国家水文网站,实时展示水情数据。

⑤ 需要通过GIS手段对航道相关情况进行展示。

(6) 航道维护信息化

通过信息化建设,优化应急保障工作流程,规范故障处置,提升远程故障诊断能力。

① 提供备品备件智能管理系统,对备品备件实行规范化管理。

② 提供远程会商诊断功能,通过多媒体消息或视频通话方式,让专家可以远程协助现场人员进行应急保障工作。

③ 建立应急处置预案及案例库,并对故障处置提供指导处置方案。

④ 对应急保障工作进行标准化流程处理,并形成闭环管理。

⑤ 通过GIS动态展示应急保障事件处置过程。

⑥ 对应急保障资源进行管理,提高应急管理水平。

(7) 养护项目管理需求

通过信息化建设实现对养护项目全流程的监管。

① 建立PC端和移动端并存的养护项目监管系统,让相关人员随时随地了解养护项目的进度和经费情况并可以随时随地进行审批。

② 需要对养护项目提供辅助决策功能,针对航闸养护工作计划、总结、检查、考核管理等进行闭环管理。

(8) 养护项目节点管理

通过信息化建设实现对养护项目全流程的监管。

① 建立养护项目储备库。
② 综合分析相关数据,辅助提供年度养护项目计划决策建议。
③ 建立项目节点的监管流程,实现养护项目重要节点的标准化流程监管。

(9) 养护相关工作展示需求

通过多种可视化方式,对养护相关工作,包括日常养护工作和应急保障工作等进行展示。

① 通过对接 GIS 并叠加视频监控画面(实时视频及历史图像),实时展示设备设施基础信息、运行状态、养护和应急保障的工作状态、航道全景三维展示及水文信息。
② 通过对接 BIM,对船闸进行三维展示,并实时对设备设施状态信息进行展示。
③ 实现船闸运行状态实时展示。

3.7.3 业务流程设计

将传统流程中的巡检、应急过程进行收集,通过流程再造引入 PLC 信号和传感器,对这 4 类数据进行智能分析预警并分发,一方面在大屏幕展示,一方面在移动端进行提示,并根据任务的种类分为维修工单、巡检工单等,自动生成各类养护任务,并对各种养护任务进行整合,形成养护项目库,提供综合评价手段,辅助用户决策。智慧养护业务流程见图 3-24。

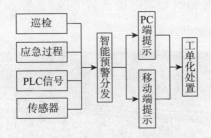

图 3-24 智慧养护业务流程

3.7.4 技术实现探讨

1) 基于振动监测的智能巡检系统研发

(1) 系统功能

智能巡检系统可分为巡检、在线监测、后台管理 3 大功能(见图 3-25)。

巡检功能是让巡检人员使用移动终端进行巡检,只需扫描二维码,便可以查看设备设施的实时信息,亦可以根据巡检要求填报信息;另外还可以查看当前待执行的巡检任务,以及查看统计数据,例如漏检率、完成进度等。

在线监测完成对振动数据的采集、分析及展示,并通过云端进行智能报警。巡检人员接收到报警后,通过移动设备进行扫码,便可处理该报警并填报处理过程等信息,形成从发现问题到解决问题的闭环管理。

后台管理即巡检功能的配置,可以对巡检的任务进行配置、增删改查等操作,对设备设施的二维码进行统一管理和批量打印,对巡检结果进行查看。

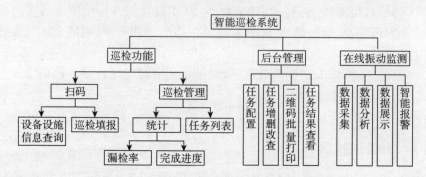

图 3-25　基于振动监测的智能巡检系统功能结构

(2) 系统架构

振动数据采集器高速采样多路振动传感器的信号,PLC 数据采集器采集船闸 PLC 信号,振动分析服务器对振动数据和 PLC 数据进行融合分析,并将分析结果实时推送到云端的智能巡检云服务器,云服务器再将消息分发到移动端(见图 3-26)。

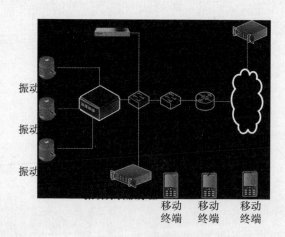

图 3-26　系统部署结构

(3) 振动监测

① 传感器布设与数据采集

选用手持式频谱分析仪和压电式加速度传感器,传感器布置在人字门联门轴 C 处,沿厚度方向,采集频率为 320 Hz,采集人字门连门轴开门过程中门体的振动信号。传感器布置如图 3-27 所示。

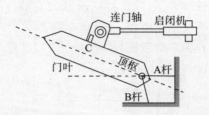

图 3-27 人字门振动监测中传感器布置图

② 振动数据预处理

由于船闸闸阀门的运动有多种状态,其对应的振动数据规律也不相同。PLC 信号中包含了闸阀门运行状态的变量,通过对 PLC 信号定期采样形成序列进行存储,将振动数据的时间序列与之进行同步匹配,并根据 PLC 信号的状态变化将振动数据按照闸阀门的开关状态进行分类。例如与闸门开关有关的 PLC 状态信号有闸门开终、关终信号,具体有如下几种情况:

- 当开终信号为 1,关终信号为 0 时,闸门打开,且静止。
- 当开终信号为 0,关终信号为 1 时,闸门关闭,且静止。
- 当开终信号为 0,关终信号为 0,且前一状态开终信号为 1,关终信号为 0 时,闸门正在关闭。
- 当开终信号为 0,关终信号为 0,且前一状态开终信号为 0,关终信号为 1 时,闸门正在关闭。

振动数据预处理流程图见图 3-28。

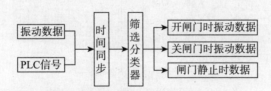

图 3-28 振动数据预处理流程图

人字门门体尺寸大、结构复杂,在水流、涌浪、风载等多物理场耦合作用下,门体在开关门和充泄水过程中会出现不同程度的振动,而闸门运转部件的故障特征在开关门过程中表现得更加明显。经分析研究发现,有用的早期故障信息很容易被湮没在强背景噪声下,盲目地对信号进行滤波消噪,很容易剔除掉故障特征,可以利用小波包分析技术的特点和优势,分析信号在某一分解层次上不同频带的信号特征,进而判断信号的故障信息。

2) 设备设施工作状况评估技术

对养护数据进行预处理后进行无监督的特征提取,获取设备设施真实工作参数下的模型;通过对标签数据,以及特征提取的模型,对设备设施的分类预测模型进行训练,得到最终的预测模型。

通过预测模型,将养护实时数据导入预测模型,进行计算,预测设备设施状况。模型训练流程图见图 3-29。

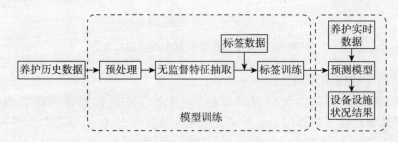

图 3-29 模型训练流程图

建立深度神经网络模型(RBM)(见图 3-30),利用积累的管养数据进行模型训练,形成对设备设施工作状况的智能评价,并根据评价结果自动生成维修或者保养任务,形成管养工作的信息化闭环。

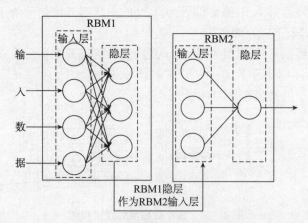

图 3-30 深度神经网络结构图

3.8 智慧应急系统

3.8.1 业务及现状介绍

船闸应急是指船闸的门机电设备、水工建筑物等突发故障或者存在安全隐患,造成船闸停航或者影响船闸安全运行,需要立即采取应急保障措施,保证船闸迅速恢复运行等工作;船闸保障是指为确保船闸安全运行而组织实施的船闸水下检测、设备设施检测和视频监控巡查等工作。

应对重大突发事件的处置能力是船闸现代化程度的一个重要标志,直接关系到船员的生命财产安全、社会稳定和船闸的长远发展[49]。目前,船闸应急系统建设正处于高速发展阶段,从扬州船闸应急保障智能信息化平台、苏北运河船闸机电应急保障系统、谏壁船闸应急控制系统等多个船闸应急系统的建设可以看出船闸应急保障能力的提高是发展的趋势。应急平台架构图见图3-31。

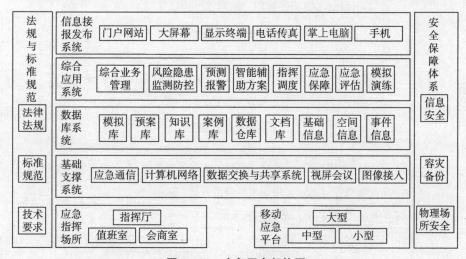

图3-31 应急平台架构图

应急系统的建设是船闸的重点工程,包括船闸的供水、供电、安全与保障体系等。一旦船闸有突发事件,影响范围广,需要多级部门联动配合。目前,船闸应急管理存在如下难题:

① 应急处置需要跨越多个部门、多个专业的统一指挥中心,以确保信息通畅。

② 各个部门可能已有自己的应急和监控系统,但互相孤立。目前船闸的终端监测设备没有统一的标准,数据格式、设备厂商不同,信息整合难度大。

③ 各个部门组织协调,资源调度不能统一,仍在使用传统的通信沟通方式,

调度方式以人工为主,缺少IT技术支持,缺少统一标准。

④ 应急预案的定义和执行停留在手工和纸质方式,对应急事件的处理缺乏实时监控。

⑤ 现有IT系统对新的应急事件不能快速反应和及时处理。

船闸应急按照船闸故障发生部位、可控性、严重程度、影响范围等分为船闸抽水应急和船闸不抽水应急两类[50]。

① 船闸抽水应急是指船闸水下设备设施损坏、必须通过抽水抢修才能解决的故障。

② 船闸不抽水应急是指船闸设备设施损坏,不需要通过抽水抢修就能解决的故障。根据船闸故障的严重程度、影响范围,船闸不抽水应急分为A、B两个等级(见表3-3)。

表3-3 船闸不抽水应急

A级应急	① 闸门底枢故障,闸门不能使用
	② 闸门顶枢拉杆、拉座等损坏,闸门不能使用
	③ 闸门面板、结构件损坏,造成闸门严重漏水或者不能使用
	④ 闸门底槛等水工设施损坏,船闸不能使用
	⑤ 阀门门体面板或结构损坏,阀门吊点损坏、吊杆弯曲、断裂或者脱落,造成阀门严重漏水或者不能使用
	⑥ 阀门轮系严重损坏,不能开启
	⑦ 阀门轨道严重损坏,阀门不能开启
	⑧ 闸、阀门启闭机底座、油缸、活塞杆、滚珠丝杆等损坏,不能正常运行工作
	⑨ 船闸电气控制系统程序丢失或混乱,控制系统瘫痪
	⑩ 船闸供电系统损坏,故障原因不明
	⑪ 其他设备设施故障或水下障碍,造成船闸不能正常使用
B级应急	① 阀门结构或者运转件一般性故障,不能正常使用
	② 启闭机一般性故障,不能正常使用
	③ 船闸电气控制系统设备损坏,不能正常使用
	④ 船闸供电系统一般性故障,不能正常使用
	⑤ 浮式系船柱等助航设施损坏,不能正常使用
	⑥ 其他设备一般性设施故障或水下障碍

船闸抽水应急应当报上级主管部门批准同意后实施,船闸抽水应急以及船

闸不抽水应急中 A 级可以商请专门的应急保障部门或采取市场化的方式进行，船闸不抽水应急中 B 级原则上由船闸管理单位自行承担。

船闸应急保障部门在接到应急抢通任务后，应当根据应急等级的不同，迅速启动相应的应急预案，以最快速度赶赴现场。

3.8.2 需求分析

1) 应急措施优化

（1）提供 PC 端和移动端的备品备件系统，为使用人员提供良好、直观的交互界面。

（2）备品备件系统提供多仓库管理功能，对所有备品备件进行统一管理。

（3）提供远程诊断功能，通过多媒体消息，或者视频通话方式，让专家可以远程协助现场人员进行应急保障工作。

（4）建立应急保障专家库，并对相关专家进行分类管理。

（5）建立规范化、标准化的故障处理流程，并形成闭环管理。

（6）通过 GIS 动态展示应急保障事件处置状态。

2) 机制与制度建设

智慧应急的实现，需要构建权责清晰的部门协作、部门间信息共享机制。例如航务管理部门的信息科、养护科、运调中心、应急保障中心等，各自在工作中的职责是什么应当明确，如果没有理清各自的职责，就难以深入开展工作。此外，还需要梳理与各航道管理站、各航闸管理所等部门共享哪些信息，构建哪些机制。只有权责清晰，信息共享，各部门间才能更好地协作。

在机制梳理、职责划分的基础上，需要进一步进行业务梳理，如运行监测、养护、应急管理、建设发展等业务，只有梳理清楚，才能有条不紊地开展工作。

3) 预警技术

预警技术体现在智慧船闸上，其本质就是能够分析、预测趋势、评估、决策判断。要实现预警，就需要构建不同业务类型、不同数据需求、不同数据格式、不同尺度的预警预测方法，形成预警预测方法库。以实时流量监测为例，监测设备（如提供数据源和监测的检测器或数字摄像机等）布设的密度不同，结构不同，对船闸运行状态实时监测与预测所采用的方法不同，监测与预测的精度与适用范围也不相同，要用不同的方法、模型加以解决。

4) 决策技术

决策同样需要构建不同业务类型、不同数据需求、不同数据格式、不同尺度的决策方法库。以监测中心提供的船闸流量、天气、设施状态数据，为养护、资源调度、发展建设等管理工作提供数据支持，这就需要构建可适应多源数据的决策方法库,以大数据下的决策模型与决策算法形成智慧决策。

5) 功能架构

结合目前船闸对信息化建设的相关要求,船闸建设功能可分为两方面:一是智慧运行监管系统,包括运行态势监测、气象监测、重点航道及设施监测、航道技术状况监测、船舶调度监测等;二是智慧应急处置系统,主要集中在对突发事件的接报、管理与处置上,包括应急资源管理、应急指挥调度、应急培训演练与评估等。

6) 技术架构

技术架构应按照目前技术发展趋势进行设计,以云服务基础平台为主,把所有的交通数据作为一个大数据中心,形成各自不同的应用服务,运行监测与应急处置只作为众多智慧交通应用中的功能之一。

行业数据中心的技术框架主要由基础设施层、设施服务层(IAAS)、数据服务层(DAAS)、平台服务层(PAAS)和应用服务层(SAAS)构成,并建设统一的标准规范体系、安全体系和运维保障体系。

3.8.3 技术实现探讨

地理信息系统(GIS)、遥感(RS)、建筑信息化模型(BIM)和全球定位系统(GPS)等技术的迅速发展,为船闸智慧应急的研究提供了丰富的手段。

地理信息系统(GIS)又称为地学信息系统,它是一种特定的空间信息系统,是在计算机硬、软件系统的支持下,对整个或部分地球表层(包括大气层)空间中的有关地理分布数据进行采集、储存、管理、运算、分析、显示和描述的技术系统。

基于GIS技术的船闸智慧应急是当下船闸应对突发事故的有效工具,GIS技术可用于船闸的应急日常管理、风险隐患监测与预测预警、应急处置救援、应急评估与恢复重建等领域。

(1) GIS服务于应急日常管理

应急日常管理作为船闸常态化管理的主要工作,包括船闸的应急日常值守、应急事件接报、应急专题数据维护、预案管理、应急专题图打印以及应急培训与应急演练,在以上的各个环节,GIS都可以提供很好的技术支撑。GIS通过数字化预案管理,对预案进行建模,从而制订紧急事件处理计划及工作列表。对预案进行分析,从而确定预案所能覆盖的紧急事件范围及复杂度,最后实现预案仿真。

(2) GIS服务于风险隐患监测与预测预警

为降低突发事件的发生概率,需要在平时做好船闸的风险隐患监测与预测预警,做到防患于未然,可利用 GIS 对船闸的重大危险源、移动危险源进行监控和综合预测预警。

利用 GIS 进行风险辨识与分析,通过 GIS 辨识风险源、重点防护目标、关键基础设施等,通过风险分析来鉴别灾害事件的潜在因素及影响程度。

利用 GIS 进行预测预警,结合专业模型预测突发事件的影响范围、影响方式、持续时间和危害程度等,减少衍生次生灾害发生,为应急救援决策的制定和实施提供支撑。

(3) GIS 服务于应急处置救援

船闸启动应急时,需要综合各方面的信息,如天气、环境、危险品物质类别、事发时间段等各类信息,通过 GIS 将各类影响因素进行综合考虑,综合分析,对事故的进展进行态势感知,为船闸的应急指挥辅助决策提供支持。

在应急业务实战中通常会用到第三方开发的模型,例如人员疏散模型、危险品扩散模型、综合预测预警模型、衍生次生灾害预警模型、人群疏散避难模型、智能研判模型、评估模型等。

将突发事件的发展过程和针对该事件的处置过程以时间的先后顺序展现在地图上。使用事件模型,在地图上模拟出事件的发生、发展、结束的状态,根据时间的推移体现事件发展态势的变化,实现态势展现、态势推演及事件回放等功能。

根据事故发生地点的具体位置,利用 GIS 帮助船闸应急指挥人员快速选择和按照最优路径调配营救力量,将应急物资、救援人员以及救援车辆的实时分布位置展现在电子地图上,结合事故发生现场的情况,指挥和调度人员和物资快速到达事发现场,实现协同指挥、有序调度和有效监督,提高应急处置效率。

根据危险发生的类型,利用 GIS 建立危险影响、扩散的方向和速度模型,从而快速决策出避难区域和制定补救措施。在某些类型的突发事件中,如火灾、危化品泄漏等,需要考虑如何快速地将受灾人员撤离到避难场所,借助 GIS 的最短路径分析可以快速生成人员疏散路径。

(4) GIS 服务于应急评估与恢复重建

GIS 是建立各类应急事件评估模型的基础,包括各种信息处理模型、地学模型、自然灾害应急评估与预评估模型、影响评估模型等,利用 GIS 模型可以实现船闸灾情的快速评定。

船闸的灾情评估可以利用遥感信息、观测信息,并依据社会经济背景数据库、自然地理、地质条件数据库和历史灾情数据库,在灾害进行监测的基础上,对船闸受灾区域进行实时或准实时的灾害应急评估,主要对灾害的规模、可能造成的经济损失和人员伤亡进行评估,从而对受灾地区的灾情进行评定。

应急资源和应急能力的评估包括对突发性事件处理过程、已有的应急资源和应急能力进行评估，明确应急救援的需求和不足。按照应急预案的相关规定，建立评价模型，再现应急过程，并且将应急资源、人员分布等展现在电子地图上，结合GIS的空间分析模型，对应急过程前、过程中和过程后的物资、人员的部署以及救援方式的规划等进行综合评估，形成应急能力评估报告。

利用移动GIS平台，结合GPS信息源，可快速定位到船闸每一个受损设施以及受损地区，标出其具体受损程度和数量，利用中心数据库所支持的GIS灾后评估系统对损失做出准确的评估。

同时，利用GIS平台制定应急资源的优化配置方案，对应急过程中所需资源的状态进行跟踪、反馈，保证资源及时到位，满足应急工作的需要。

第4章 新技术在智慧船闸中的应用及展望

4.1 物联网技术

4.1.1 概述

1999年美国麻省理工学院建立"自动识别中心(Auto‐ID)",首次提出了物物相连的概念。依托射频识别(Radio Frequency Identification,RFID)、无线数据通信等技术对多类物品进行智能识别和管理。2005年国际电信联盟(ITU)发布了《ITU互联网报告2005:物联网》[51],正式提出了物联网概念。在这个网络中,物联网技术通过RFID、红外感应器、全球定位系统、激光扫描器等信息传感设备,按约定的协议,将任何物品与互联网相连接,进行信息交换和通信,以实现智能化识别、定位、追踪、监控和管理。物联网是在互联网技术的基础上扩展延伸的一种网络技术,其用户端扩展延伸到了任意物品上。物联网作为一种新兴信息化产业,被认为是继计算机、互联网之后掀起的第三次IT产业化技术热潮,欧盟委员会也指出,物联网的大力发展将会给世界带来巨大的改变,为世界一体化做出巨大的贡献[52]。

4.1.2 物联网技术应用现状

移动互联网的迅猛发展、智能终端的快速普及以及大数据分析技术的日益成熟,正助推物联网从概念变成现实。物联网理念逐步深入、应用渐成规模,也让人们的生活变得更加有趣、便利、智能化。物联网用途广泛,遍及智能交通、环境保护、政府工作、公共安全、平安家居、智能消防、工业监测、环境监测、路灯照明管控、景观照明管控、楼宇照明管控、广场照明管控、老人护理、个人健康、花卉栽培、水系监测、食品溯源、敌情侦查和情报搜集等多个领域。

此外,物联网的发展应用推动了很多衍生技术的发展,这些衍生技术的发展反过来又促进了物联网的完善。具体的衍生技术主要包含以下几种:

1) LoRa

2013年8月,美国Semtech公司向业界发布了一种新型的基于1 GHz以下的超长距低功耗数据传输技术(Long Range,LoRa)的芯片。其接收灵敏度达到了惊人的-148 dBm,与业界其他先进水平的sub-GHz芯片相比,最高的接收灵敏度改善了20 dB以上,大大提升了网络连接可靠性。另外它使用线性调频扩频调制技术,既保持了像FSK(频移键控)调制相同的低功耗特性,又明显增加了通信距离,同时消除干扰,提高网络传输效率,因此在此基础上研发的集中器/网关能够并行接收并处理多个节点的数据,大大扩展了系统容量。

LoRa具备长距离、低功耗、低成本、易于部署、标准化等特点,非常适合在具有功耗低、距离远、容量大以及可定位跟踪等特点的物联网上应用,如在智能抄表、智能停车、车辆追踪、宠物跟踪、智慧农业、智慧工业、智慧城市、智慧社区等领域的应用。

目前LoRa网络已经在全球多地进行试点或部署。据相关数据显示,全球有16个国家正在部署LoRa网络,56个国家开始进行试点,如美国、法国、德国、澳大利亚、印度等。荷兰KPN电信、韩国SK电信在2016年上半年部署了覆盖全国的LoRa网络,提供基于LoRa的物联网服务。相对于国外LoRa技术发展的如火如荼,国内LoRa应用略显平淡。目前可看到的公开应用是国内AUGTEK公司在京杭大运河开展的LoRa网络(智慧航道)建设,据悉目前已经完成江苏段的全线覆盖。其实国内从事LoRa模块和方案开发的厂商并不少,除AUGTEK之外,还有洲斯物联、思创汇连、普天通达等众多公司。随着国内广域物联网喷发式的发展和CLAA组织对LoRa应用的积极推动,国内基于LoRa应用的试点将会越来越多地被部署在各行各业,以提供优质高效的物联网服务。

2) NB-IoT

NB-IoT(Narrow Band Internet of Things)是IoT领域的一个新兴技术,支持低功耗设备在广域网的蜂窝数据连接,也被叫作低功耗广域网(LPWAN)。NB-IoT只消耗大约180kHz的带宽,因此可直接部署于GSM网络、UMTS网络或LTE网络。

NB-IoT聚焦于低功耗广覆盖(LPWA)物联网(IoT)市场,是一种可在全球范围内广泛应用的新兴技术。NB-IoT主要具备以下四大特点:

(1) 覆盖广

在同样的频段下,NB-IoT比现有的网络增益20 dB,相当于提升了100倍覆盖区域的能力。

(2) 连接能力强

NB-IoT一个扇区能够支持10万个连接,支持低延时敏感度、超低的设备成本、低设备功耗和优化的网络架构。

(3) 超低功耗

NB-IoT 终端模块的待机时间可长达 10 年。

(4) 超低模块成本

企业预期的单个接连模块不超过 5 美元。

因为 NB-IoT 自身具备的低功耗、广覆盖、低成本、强连接能力等优势,使其可以广泛应用于多种垂直行业,如远程抄表、资产跟踪、智能停车、智慧农业等。

如今,围绕 NB-IoT 的生态已初步成型,并在持续扩大中,万物互联的条件开始成熟。在网络设备供应商层面,华为、爱立信等领导者均已推出了基于 NB-IoT 的端到端解决方案。在运营商层面,中国移动、中国联通以及沃达丰、德国电信、AT&T 等全球顶尖运营商皆就 NB-IoT 发布了各自的发展计划,并展开试点。垂直行业中,越来越多的厂商开始采用 NB-IoT 技术来提升竞争力。比如 2017 年 7 月 13 日,ofo 小黄车与中国电信、华为共同宣布,三家联合研发的"NB-IoT 物联网智能锁"全面启动商用。据了解,在此次三方合作中,中国电信负责提供 NB-IoT 物联网的商用网络服务。此外,在市政的路灯和垃圾管理、环境检测和畜牧养殖灌溉等领域,NB-IoT 的部署亦日益增多。

4.1.3 物联网技术在智慧船闸中的应用展望

随着物联网技术在智能交通领域应用的深入,船联网已具备相应的条件。2004 年以来,国际海事组织和中国海事局分别要求达到一定吨位的船舶安装 AIS。在内河航行且不满足强制安装船舶 AIS 条件的船舶可通过地方海事局安装无线射频识别技术(RFID)。

RFID 主要由船载电子标签与待闸区 RFID 阅读器组成。船载 RFID 选用 2.45 GHz 卡片式有源 RFID 标签,其有效识别距离接近 100 m,可存储船舶名称、代码、船型、吨位、吃水及货物种类等信息。RFID 只能存储船舶的静态信息,因此每次出航前均需到航道管理部门重新写入吃水及货物等信息。

4.2 云计算技术

4.2.1 概述

"云"是网络、互联网的一种比喻说法,过去往往用"云"来表示电信网,后来也用来表示抽象的互联网底层基础设施。而云计算(Cloud Computing)是基于分布式计算(Distributed Computing)、并行计算(Parallel Computing)和网格计算(Grid Computing)等技术发展起来的一种新型资源共享的计算模式。

云计算技术可以自我维护并管理庞大的虚拟计算资源,从而为用户提供各种 IT 服务。云计算是一个复杂、动态、分布式的体系结构,需要大量异构软件系统之间协同工作,是继 20 世纪 80 年代大型计算机到客户端/服务器(C/S 模式)的大转变之后的又一次巨变。在云环境中,云计算软件集中管理各类软硬件资源的动态分配。在云计算环境下,"云"中的资源在使用者看来是可以无限扩展的,用户不再需要了解"云"中基础设施的细节,也不必具有相应的专业知识,就可以通过网络随时随地获取"云"中的资源。

云计算的表现形式是一系列服务的集合,根据需要提供弹性资源。由图 4-1 可知,云计算结构图主要包含了硬件设施层、资源池层、系统管理层以及封装层 4 个层次。

① 大规模的服务器、连接需要的网线、云节点组成的计算机以及路由器等基础设施都属于硬件的设施层。

② 资源池层是将大量相同类型的资源构成同构或接近同构的资源池,如计算资源池、存储资源池等。

③ 系统管理层负责整个云计算管理工作,主要包括安全管理、任务管理、资源管理以及用户管理等工作。

a. 安全管理主要指云系统数据安全的管理,这包括两类:第一类是有资格用户才能进入,避免数据被盗用;第二类指保障系统数据安全,防止系统突然出现故障或失灵丢失数据。

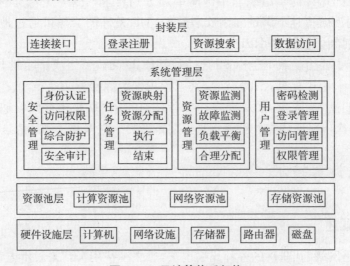

图 4-1 云计算体系架构

b. 任务管理指对用户提交的任务进行资源分配，通过控制任务的资源使用情况对其进行有效的管理。

c. 资源管理指对资源进行有效的控制并合理分配，防止用户过度利用资源。

d. 用户管理负责管理用户的登录、访问权限、密码遗失等任务，用户管理工作可以提高工作效率，提升用户满意程度。

④ 封装层负责把资源封装起来供用户使用，比如把网络设施和资源池封装成网络程序登录界面，用户登录这个界面就能够使用云资源。封装层还包括一些封装注册、查找等功能。

云计算技术被称作是下一个网络革命，这意味着可以将计算能力、服务和应用作为一种公共基础设施提供给用户，最终让人们能够像使用煤气、水和电那样方便地使用各种计算机资源。云计算是一种基于互联网的、大众参与的计算模式，通过虚拟化技术实现大规模的虚拟化资源池，通过网络传递各类虚拟化计算资源提供服务，用户通过网络跨越地理空间的限制，随时获取各类计算资源。云计算使得计算资源的实现形态、计算服务的应用模式发生根本性变革，因此可以说云计算的到来意味着信息产业面临着一次新的革命。

4.2.2　云计算系统

云计算飞速发展，各大企业纷纷构建自己的云计算平台，全球的数据中心也迅速壮大。现有的云计算系统主要有以下几种：

(1) 谷歌文件系统(Google File System, GFS)

GFS 是一个大型的分布式文件系统，主要由一些大量的廉价服务器组成，包括一个主节点和若干个分节点。GFS 将整个系统的节点分为三类：Client(客户端)、Master(主服务器)和 Chunk Server(数据块服务器)。

(2) MapReduce

MapReduce 是面向大数据并行处理的计算模型、框架和平台。它基于集群的高性能并行计算平台，提供了一个庞大但设计精良的并行计算软件框架，能自动完成计算任务的并行化处理，自动划分计算数据和计算任务。它由 Google 公司提出，设计初衷主要是为了解决其搜索引擎中大规模网页数据的并行化处理，由于并行处理大规模数据的优势，Google 公司内部进一步将其广泛应用于很多大规模数据处理问题。到目前为止，Google 公司内有上万个各种不同的算法问题和程序都使用 MapReduce 进行处理。

(3) Dynamo

Dynamo 是亚马孙开发的一种云计算平台，该平台同样是具有高可靠性的分布式系统。该系统把所有的节点连接在一起构成了一种像环一样的形状。在该系统中，通过校验算法处理数据结构；同时，设计多种方案解决各种数据样本之间产生的矛盾，这样可以方便用户在系统上不间断地执行任务。Dynamo也利用了数据的多副本机制完成系统的可靠性与容错性，当其中一个正在执行用户任务的节点出现失误或者失效时，系统就会自动跳到该数据的副本节点继续执行，这样通过数据冗余完成了节点的可靠性。该系统还设计了自己的一套数据键值来存储自己的数据。

（4）Pnuts

雅虎企业开发的云计算分布式系统为 Pnuts，该系统同样通过副本机制保证云计算的可扩展性与容错性。此外，Pnuts 具有与用户数据的即时一致性特点，即当用户修改了数据，该系统中所有的数据副本都马上更新为用户修改的新数据。Pnuts 系统的数据中心遍布在全球范围内，它的数据容量可以达到数万亿。即使未来云用户需求增多，因该系统具有高可扩展性，也不会对本身的性能产生影响。

（5）Dryad

Dryad 由微软硅谷研究院开发，作为一款分布式的并行计算平台已经投入使用。该分布式平台具有较大的通用性，不像 MapReduce 具有两个运算阶段。在 Dryad 平台里，数据没有具体的格式规范，程序员能够灵活地根据传输数据所需要的计算节点进行编程。该平台具有良好的可扩展性能，不仅可以应用在一些小规模计算机组成的低成本系统中，同时又可以在数以万亿计的大规模云系统里运行，程序员无须关心底层的计算过程就可以得心应手地进行操作。此外，Dryad 还可以把正在系统中出错的应用任务从传输和通信中进行恢复。

（6）Clustera

Clustera 是由威斯康星大学开发的分布式平台，可运行各种工作量的任务，包括海量数据处理任务、瞬时任务以及密集型计算任务。

（7）Ceph

Ceph 是由加利福尼亚大学开发的分布式计算系统，在维护 POSIX 兼容性的同时加入了复制和容错功能。在随机任务执行时系统被区分，数据的地址空间被伪代码代替。通过这些执行，可以提升系统的性能。Ceph 也用副本机制保证云计算的可扩展性与容错性，对于任意用户，该系统保证至少支持双副本节点。

综上可以发现，各云计算系统虽各不相同，但也有很多共性，具体表现在下面几个方面：

① 云计算系统都具有相当大的规模。
② 虚拟化云计算支持用户在任意位置使用各种终端获取应用服务。
③ 高可靠性"云"使用了数据多副本容错、计算节点同构可互换等措施来保障服务的高可靠性。
④ 通用性云计算不针对特定的应用,在"云"的支撑下可以构造出千变万化的应用,同一个"云"可以同时支撑不同的应用运行。
⑤ 高可扩展性"云"的规模可以动态伸缩,满足应用和用户规模增长的需要。

4.2.3 云计算技术应用现状

云计算在教育、通信、医疗等领域有着广泛的应用,为这些领域提供了一种灵活高效、成本低廉、绿色节能的全新信息运作方式。

(1) 云计算在教育行业的应用

通过共享开发测试资源和远程桌面共享的方式,可以实现虚拟实验室的设想。

(2) 云计算在通信行业的应用

云计算在中国通信业有着巨大的市场,三大运营商也推出了各自的云计算平台,例如,中国移动的"大云"、中国电信的"星云"、中国联通的"互联云"。

(3) 云计算在医疗行业的应用

云平台可以将各大医疗信息管理系统有效地整合起来,实现资源共享,提高医院信息管理的安全;还可以通过云存储快速实现数据的保存和管理,杜绝了数据丢失、被盗等问题。

4.2.4 云计算技术在智慧船闸中的应用展望

(1) 云机房

在云端进行智慧船闸的机房建设,无须专门为船闸建设实体机房,可远程对云端的基础设施进行部署、管理,减少了船闸的机房运行成本。在云端机房保存船闸的各项数据,数据的安全能够得到保障,也便于数据的扩展及维护工作。此外,与船闸相关的信息化软件部署在云端,便于日常管理、维护。

(2) 云巡检

基于云技术的巡检系统可以统一部署到集团级信息中心,面向辖区内所有船闸枢纽提供 SaaS 服务,即基于互联网提供巡检系统软件模式,下辖各船闸分支机构无须购买软件和硬件等基础设施,而是统一访问云端服务器进行业务管理和操作,这样,大大降低了系统的建设成本和日常维护管理成本。

此外，基于云技术的智慧船闸，将搭建基于大范围、大环境的技术服务平台和相关的知识库，在系统运行一段时间后，势必积累了海量的数据，对这些数据进行合理利用并进行准确的分析与预测，工作人员遇到的问题即可最快速地得到解决办法，有效提升了工作效率。

4.3 建筑信息化模型（BIM）技术

4.3.1 概述

BIM 技术，可以用建筑信息模型（Building Information Modeling，BIM）或者建筑信息化管理（Building Information Management）或者建筑信息制造（Building Information Manufacture）来表述，是一种以三维数字技术为基础，运用相关软件集成建筑工程项目中各种相关信息的一个完善的工程数据模型。BIM 技术能够将工程项目在全生命周期中各个不同阶段的工程信息、过程和资源集成在一个模型中，便于工程的各参与方使用[53]。通过三维数字技术模拟建筑物所具有的真实信息，为工程设计和施工提供相互协调、内部一致的信息模型，使该模型达到设计施工一体化，各专业协同工作，从而降低工程生产成本，保障工程按时保质完成。利用 BIM 技术可以进行虚拟设计、建造、维护及管理，实现动态可视化的 5D 施工管理，通过网络协同工作，进行工程洽商、协调，实现施工质量、安全、成本和进度的管理和监控。

BIM 不再像 CAD 一样只是一款软件，而是一种管理手段，是实现建筑业精细化、信息化管理的重要工具，具有信息完备性、信息关联性、信息一致性、可视化、协调性、模拟性、优化性和可出图性 8 大特点，可以高效地在工程建设中开展工作，目前正快速成为建筑工程等领域的一个应用热点[54]。

4.3.2 BIM 技术应用现状

目前 BIM 技术在船闸建设、改扩建、养护中有相应的应用，本节以富春江船闸改扩建项目和苏北运河船闸养护为例说明 BIM 技术在船闸建设和营运管理中的应用。

1）BIM 技术在富春江船闸改扩建项目中的应用

富春江船闸扩建改造工程是国内第一个将 BIM 技术、激光扫描、无人机航拍等技术应用在原水电枢纽运行工况下改扩建通航设施的工程。该项目位于钱塘江中下游桐庐县富春江水电站枢纽右岸，距下游杭州市约 110 km，船闸按Ⅳ级通航标准兼顾 1 000 t 级船舶的过闸要求设计，同时将为全国 1 300 多座碍航闸坝的改造提供 BIM 技术应用示范。整个扩建改造工程包含以下几个主要步骤：

（1）勘察阶段

首先到现场进行实地勘察，测量地形图，然后通过规划图以及 DEM 数据对地形进行模拟，模拟效果图如图 4-2 所示。基于图 4-3 所示的水下地形勘测三维地形和 BIM 模型拟合，能够发现设计问题。

图 4-2 地形模拟图

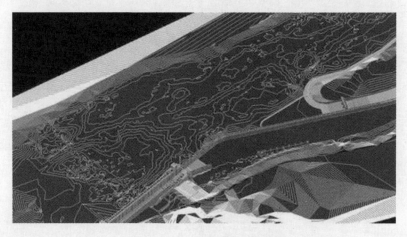

图 4-3 水下三维地形勘测图

(2) 建模阶段

在建模设计阶段,通过施工难点模拟与分析,改进模型。例如通过 BIM,在整合钢结构预埋件模型过程中改进模型,并通过施工预演发现吊机支撑空间不足问题,分别如图 4-4 和图 4-5 所示。

图 4-4 预埋件 BIM 模拟图

图 4-5 施工预演

(3) 施工阶段

通过基于 BIM 的施工管理系统和移动应用对施工现场进行管理。例如通过移动应用,在现场直接比对建设现场与设计模型差异,实现现场复核,如图 4-6 所示。

第 4 章　新技术在智慧船闸中的应用及展望

图 4-6　基于 BIM 的移动施工管理系统

(4) 竣工阶段

在竣工阶段，通过输入大量施工数据，保障了之后长期的数据维护工作，保证了数据的长期有效。通过录入施工信息及工程量清单，如图 4-7 所示，实现对成本的把控。

I-上游钻孔灌注桩结构清单					
结构类型	位置编号	类型	结构材质	顶标高	底部高程
桩-钢筋混凝土桩	SKCD1-1#	1 200 mm-原设计对比	C30 砼	23.9 m	13 m
桩-钢筋混凝土桩	SKCD1-2#	1 200 mm-原设计对比	C30 砼	23.9 m	13 m
桩-钢筋混凝土桩	SKCD1-3#	1 200 mm-原设计对比	C30 砼	23.9 m	13 m
桩-钢筋混凝土桩	SKCD1-4#	1 200 mm-原设计对比	C30 砼	23.9 m	13 m
桩-钢筋混凝土桩	SKCD2-1#	1 200 mm-原设计对比	C30 砼	23.9 m	14 m
桩-钢筋混凝土桩	SKCD2-2#	1 200 mm-原设计对比	C30 砼	23.9 m	14 m
桩-钢筋混凝土桩	SKCD2-3#	1 200 mm-原设计对比	C30 砼	23.9 m	14 m
桩-钢筋混凝土桩	SKCD2-4#	1 200 mm-原设计对比	C30 砼	23.9 m	14 m
桩-钢筋混凝土桩	SKCD3-1#	1 200 mm-原设计对比	C30 砼	23.9 m	14.5 m

图 4-7　工程量清单截图

(5) 建筑验收

通过将激光扫描的精确测量结果与 BIM 模型比对来进行质量验收，如图 4-8 所示。例如现场工人可以通过移动端 BIM 交底，进行质量验收。

(6) 应用成果

富春江船闸改扩建项目将 BIM 技术深入应用于设计优化、施工管理、竣工验收各阶段，系统性研究了基于 BIM 的现场管理模式，优化设计问题 15 项以上，节约局部工期 15 天，节省建设成本 450 万以上。

图 4-8　BIM 模型与激光扫测结合

2) BIM 技术在苏北运河船闸养护中的应用

目前,随着水运基础设施建设高峰期的过去,京杭运河苏北段全面进入船闸养护阶段,养护要求显著提高。BIM 技术在实现数据信息整合和船闸直观展示方面,以及在运维阶段图形化展示、运维管理过程及结果等方面的功能优势,使得该技术在船闸养护中具有广阔的应用前景。运用 BIM 技术,整合无人机、三维扫描、VR/AR、物联网、互联网等新技术形成的"BIM+"模式对提升船闸养护能力具有重要意义。

(1) 船闸养护信息梳理

相比新建项目,养护阶段所涉及的信息更加广泛,例如设计图纸、施工记录、设备档案、巡检记录、门机电设备运行参数、综合检测报告、保养及维修记录、应急抢修记录、资料照片等信息。对这些信息采用 BIM 技术进行整合时,首先需要对大量且繁杂的养护信息进行整理,根据可视化要求,梳理出需要在三维模型中进行展示的养护信息。

(2) 基于 BIM 模型的信息组织

根据养护信息分布和船闸构件的空间关系,船闸养护信息分为设施设备属性信息、实时运行信息和养护历史信息。随着养护数据库的建立,未来船闸养护信息和数据都将建立长效更新的维护机制。因此,船闸信息组织框架研究也需考虑养护信息随时间动态积累的变化关系,以有序、高效的方式对信息组织进行养护。

(3) 建立拆分合理、细度合适的 BIM 模型

船闸养护工作的 BIM 建模往往与设计阶段建模有所不同,如图 4-9 所示,养护工作主要体现在模型包含的内容和细致程度上。以养护为目的的 BIM 模型需要反映出结构和设备设施形体、力学特征、技术参数、运行状况、故障分布、维修记录等,对于倒角、放坡、附属构件详图等信息要求相对较低。过于精细的

模型不仅大幅增加建模工作量,也不利于三维显示下系统性能的发挥。另外,构件是承载信息的基础,结构拆分是否合理将直接影响信息组织方式以及信息利用的效率。船闸 BIM 模型的构件拆分应与设备设施编码标准中的最小养护单元保持一致,并以设备设施编码为依据建立构件 ID。拆分合理、细度合适的 BIM 模型是处理船闸信息组织方式的关键问题。

类别	文件名称	模型	类别	文件名称	模型
闸门及运转件	底部支承座		闸门及运转件	侧滚轮轴	
	轴承座衬垫			侧滚轮自润滑轴套	
	蘑菇头			侧滚轮支座	
	密封圈压板			主滚轮装置	
	上游闸门			主滚轮轴端挡板	
	限位装置			主滚轮轴	
	主滚轮轴端盖			主滚轮尾衬	
	阀门			主滚轮轴衬	
	轨道装置			主滚轮轴衬垫板	
	顶止水预埋件			主滚轮	
	侧止水装置			主滚轮自润滑轴套	
	顶止水装置			人行桥旋转楼梯	
	底止水预埋工字钢		桥梁	人行桥钢结构吊杆	
	侧滚轮装置			人行桥整体桥型钢结构	
	侧滚轮				

图 4-9　BIM 船闸组件图

(4) 实现 BIM 模型与养护基础数据库的数据共享和平台嵌套

通过 BIM 技术整合设计、施工、运维阶段的信息时，需要对信息进行归纳整理和重新组织，最终以单一船闸养护数据库的形式来实现。BIM 模型中所反映的信息，总体上以该养护数据库为载体。如京杭运河苏北段拟构建涵盖整个京杭运河苏北段航道、船闸基础设施的养护综合管理数据库，通过实现养护基础数据库与 BIM 船闸养护数据库之间的数据映射与转换来处理信息数据。

(5) 建立养护信息三维可视化系统

实现养护信息可视化，首先需要对养护信息进行分析、解构和重组，然后用便于识读的离散程序对其进行存储。现有 BIM 软件主要针对设计和施工等建造阶段的可视化，难以直接实现运维阶段信息数据的可视化。船闸水工建筑物、机械、电气设备技术状况特性不同，养护信息的数据类型和格式也不尽相同，因而，针对养护信息多样化、养护数据格式离散化等特点，开发兼容 BIM 模型的三维可视化系统，如图 4-10 所示，是实现养护信息三维可视化展示的关键问题。

图 4-10　船闸 BIM 效果图

4.3.3　BIM 技术在智慧船闸中的应用展望

由于设计修改烦琐、工程计算量大、成本核算不规范、施工方式和建造技术的信息化程度较低，船闸工程传统的设计方法往往出现效率低、浪费大、质量不高等问题。BIM 基于建设全周期管理的思想，以策划、设计、施工、运维等整个项目过程作为服务对象，并根据各个阶段的不同需求发挥不同的作用。在智慧

船闸的建设过程中,可以在如下几个方面应用 BIM 技术:

(1) 三维渲染,全面展示

运用 BIM 技术完成建模后,模拟设计和施工环境,对比 CAD 技术,具有更强的视觉效果,对复杂构件直观的三维认识可以帮助现场管理人员和技术人员更好地理解设计意图。此外,根据设计内容逼真地展示大型船闸的复杂结构和大型设备等空间布置情况,可以对关键线路、关键工序和复杂节点的不同施工方案进行对比,优化选择。

(2) 快速算量,提升精度

创建 BIM 数据库时,可以通过建立 6D 关联数据库来准确快速计算工程量,提升施工预算效率及精度。BIM 数据库相关数据精度达到构件级,能够实现快速提供支撑项目各条线管理所需的数据信息,有效提升施工管理效率。通过 BIM 模型提取材料用量、统计设备、管控造价、预测成本,可以给施工成本造价提供科学依据。

(3) 精确计划,减少浪费

精细化管理之所以较难实现,主要是因为不能快速准确获取海量工程数据,导致经验主义泛滥。BIM 技术可以快速准确地获得工程基础数据,为精细化管理的制定提供有效支撑,通过该技术可以实现限额领料、消耗控制,最终降低资源、物流及仓储浪费。

(4) 虚拟施工,有效协同

BIM 技术的三维可视化功能可以实现虚拟施工,可以直观地把虚拟施工计划和实际进展进行对比,保证了施工方、监理方、建设方都能对工程项目的相关情况做到了如指掌。因此,BIM 技术结合施工方案、施工模拟和现场视频监测,能够确保建筑施工的质量和安全。

(5) 碰撞检查,减少返工

BIM 技术具有三维可视化的优点,利用 BIM 三维技术能够进行前期碰撞检查,优化工程设计,降低施工过程可能存在的错误损失和返工等问题的可能性,并且能够优化净空和优化管线排布。利用碰撞优化后的三维管线方案,能够解决空间错漏碰缺等问题,通过施工模拟,可以督促施工团队交底,从而提高施工质量,减少浪费,节约成本。

(6) 智能决策,管理进度

引入 BIM5D 管理平台,通过 Web 端、桌面端、移动端,后方人员便能及时掌握工程进度、质量安全和成本信息,提高决策的正确性。5D 平台强调工作网络协同性,支持基于私有云、公有云的协同工作。同步云端数据,方便了单机软件数据的传输,打通了与一线施工人员之间的信息传输。

除了智慧船闸的建设之外,通过 BIM 技术,船闸的管理、养护、服务等多个方面的水平都能得到提高。通过全方位的数字化,让船闸从外观到内部细节都形成了三维效果,同时与数据进行联动,实现船闸数据的动态展现,让用户直观了解船闸目前的运行情况,并且能够通过 BIM 技术进行建设模拟、应急演练等各项工作的模拟推演。

4.4 人工智能技术

4.4.1 概述

人工智能(Artificial Intelligence),英文缩写为 AI,它是研究、开发用于模拟、延伸和扩展人的智能的理论、方法、技术及应用系统的一门新的技术科学。

人工智能是计算机科学的一个分支,它企图了解智能的实质,并生产出一种新的能以人类智能相似的方式做出反应的智能机器,该领域的研究包括机器人、语言识别、图像识别、自然语言处理和专家系统等。人工智能从诞生以来,理论和技术日益成熟,应用领域也不断扩大,未来人工智能带来的科技产品将会是人类智慧的"容器"。人工智能可以对人的意识、思维的信息过程进行模拟。人工智能不是人的智能,但能像人那样思考,也可能超过人的智能[55]。

4.4.2 人工智能技术应用现状

目前人工智能大概分为四个级别[56]:没有学习能力;具有固定的学习能力,且习得的技能有上限值;技能增长没有极限,但因为它的学习能力是事先设定的,所以被认为不会成长为超级人工智能;具有无限的学习能力,可以成长为超级人工智能。所涉及的领域大致包括以下几个方面:

(1)"种"

以日本的一家生态公司为例,他们开发出一个人工智能的培养基地,一天可以生产 3 万棵生菜,全程没有人工的参与,全部是智能控制温度、控制养分、控制生产环境等。

(2)"食"

机器人可以帮我们烤面包、做馒头,如果你输入一些程序,它会帮你切菜,然后炒出来。

(3)"住"

智能家居可以更好地提升现代住房的安全性、舒适性和整洁性。比如说我们可以采用人工智能技术来控制门窗的开合,这样就可以让我们更加方便地调节自己的家居环境,从而为我们的生活和休息提供一个更加清新和舒适的环境。

(4)"行"

百度公司于2015年12月完成首次无人驾驶汽车的公开上路测试。围绕着输入感知系统、控制决策系统、交通地理信息等,国内企业展开针对性的攻关和合作,具有很大的潜力。

(5)"医"

如果你的穿戴设备或者人工汽车发现你发烧了,它可以自动帮你预约挂号,然后自动送你去医院,之后有一个智能医生帮你诊疗,这将是高科技的典型应用。

(6)"教"

2011年,日本已经开发出这种所谓的智能教育机器人,经过4年的学习,它的高考分数已经超过了平均分数,可以考上64%的日本大学。我国部分重点大学均已开设了"人工智能技术"专业课程,以加快培养这方面的专业人才。

4.4.3 人工智能技术在智慧船闸中的应用设想

AI技术的潜在商业收益远大于自动化带来的成本节约,这在智慧船闸中主要体现为更快的行动与决策(比如自动欺诈检测、计划和调度),更好的结果(比如故障诊断、需求预测),更高的效率(亦即更好地利用高技能人才和昂贵设备),更低的成本(比如智能船闸助手减少了劳动成本),更大的规模(亦即开展人力无法执行的大规模任务),产品与服务创新(从增加新功能到创造新产品)。智慧船闸的AI技术可从以下几个方面进行研究:

(1)船闸故障诊断

将神经网络应用于船闸故障诊断,通过建立基于串行相接法神经网络的专家系统对船闸进行自动化故障采集、诊断,并采用数据库技术存储系统中的各种知识,使得系统能够快速自动地建立且方便地维护[57]。

(2)船舶行为预测

将深度学习应用于船舶行为预测,识别技术不仅可以"认出"船的身份,还能对船舶的行为模式进行分析,判断此船是正常船舶还是危险船舶,甚至判断有没有违法犯罪的嫌疑。

(3)船舶自动行驶

深度学习的研究催动了汽车无人驾驶的发展,目前谷歌无人驾驶已突破技术屏障和法律屏障,即将商用。如果把该技术应用于船舶航运中,将大大减轻驾驶员的负担。

4.5 视频与图像分析技术

4.5.1 概述

目前视频监控技术已被广泛应用于航道、海事、港口、船闸等管理部门的日常管理工作中。监控视频的应用大多仅停留在监控大厅展示和留证回看两方面。对于视频内容的管理仍停留在人工盯屏或翻阅录像的阶段，监控或复核时往往需要手动控制相机聚焦放大或前往现场查看才能看清船舶标识信息。传统的视频监控技术虽然使得船闸工作人员对过往船舶做到"一目了然"，但是仅仅停留在展示层面，并未充分发挥视频的优势。

4.5.2 数字图像处理技术理论

数字图像的定义如下：一幅图像可定义为一个二维函数 $f(x,y)$，任何一对空间坐标 (x,y) 上的幅值 f 称为该点的图像强度和灰度，当 x,y 和幅值 f 为有限的、离散的数值时，图像称为数字图像。数字图像处理是指借用数字计算机处理数字图像。常用的数字图像处理方法包括图像变换、图像增强和复原、图像分割、图像描述和图像识别等。

数字图像处理技术应用前景非常广泛，它已经渗透到工业、医疗保健、航空航天和军事等各个领域，在国民经济中发挥越来越大的作用。

4.5.3 视频与图像分析技术应用现状

用于水运和船舶领域的视频图像分析技术尚处于起步阶段，目前主要应用于船舶检测、船舶参数估计、运动船舶跟踪、船舶流量统计和船名自动识别等方面。

（1）船舶检测

船舶检测的内容是基于视频检测航道或水域中是否有船舶存在。此外，船舶检测也是船舶信息自动识别或跟踪的第一步。

视频流信号由固定不动的摄像头输入。随后对视频流进行背景建模，建模时先对模型进行初始化，之后判断像素点是否为前景点，设定一定的更新机制更新背景模型。背景建模后得到前景点，用连通域分析法分析前景点，得到的连通域作为目标候选区。根据先验知识对目标候选区域中的非船舶目标进行去除，最后得到船舶目标，船舶检测技术算法具体流程如图 4-11。

第 4 章　新技术在智慧船闸中的应用及展望

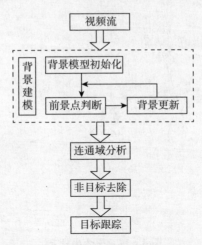

图 4-11　船舶检测技术算法流程图

(2) 船舶参数估计

船舶参数估计的内容主要包括船舶速度、长度、高度、宽度等。船舶参数估计算法如下：根据相机的内部参数和成像原理，得到图像坐标系与世界坐标系转换、像素与米的转换关系，在检测到船舶的基础上，检测船舶边缘，统计边缘值，结合转换关系得到船舶参数。

参数估计中需要用到以下几个坐标系：

① 世界坐标系($X_w Y_w Z_w$)

它是客观世界的绝对坐标，是由用户任意定义的三维空间坐标系。下标 w 表示 World。

② 摄像机坐标系($X_c Y_c Z_c$)

以小孔摄像机模型的聚焦中心为原点，以摄像机光轴为轴建立的三维直角坐标系。X_c、Y_c 轴一般与图像像素坐标系的 C、R 轴平行，下标 c 表示 Camera。

③ 图像像素坐标系（RO_iC）

以像素为单位的平面直角坐标系，下标 i 表示 Image。其原点位于图像左上角，R 表示 Row(行)，C 表示 Col(列)。

三个坐标系见图 4-12。

图像坐标系与世界坐标系可以相互转换，例如已知 P 点空间坐标(x_w, y_w, z_w)，则可求得该点在图像上对应点 Q 的坐标(r, c)[58]：

$$\begin{bmatrix} r \\ c \\ 1 \end{bmatrix} = s\mathbf{MW} \begin{bmatrix} x_w \\ y_w \\ z_w \\ 1 \end{bmatrix}$$

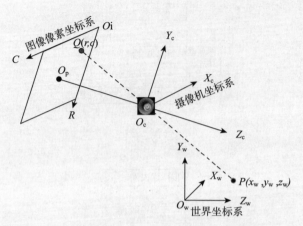

图 4-12 三个坐标系

上式 s 是一个任意尺度比例,称为缩放因子;M 为 3×3 矩阵,由摄像机的内部参数构成;W 为 3×4 矩阵,由摄像机的外部参数构成。M、W 可以通过标定得到。

世界坐标系与像素坐标系投影关系见图 4-13。

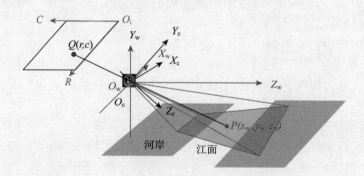

图 4-13 世界坐标系与像素坐标系投影关系

(3) 运动船舶跟踪

通过对运动船舶跟踪可达到去除瞬时伪目标、估计船舶速度、估计船舶轨迹等目的,还可以辅助区分不同船舶,处理遮挡重叠船舶,进行船舶抓拍及流量统计。

(4) 船舶流量统计

船舶流量统计的内容是基于视频统计航道某断面船舶通过流量。

基于视频的流量统计流程图如图 4-14,在检测并跟踪船舶的基础上设定检测线进行船舶计数。

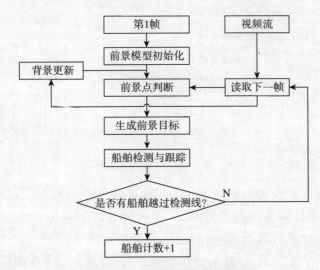

图4-14 船舶流量检测流程图

虚拟检测线法统计船舶流量是在船舶检测和跟踪的基础上进行的。虚拟检测线法指仿照道路中的检测线,在视频画面中人为设定一条标记线,该标记线并不改变视频图像序列中所在位置像素点的颜色灰度值信息。当船舶通过检测线进入流量统计区时,船舶流量＋1,基于此可自动统计小时船舶流量、日船舶流量和指定时段船舶流量等。

(5) 船名自动识别

基于图像的船名自动识别即利用图像处理和分析技术获取船名信息,运用模式识别方法自动识别船名字符。船名自动识别包括三个步骤:船名定位、字符分割和字符识别。

船名定位是船名识别的第一步,也是最难的一步。船名的位置、字体、大小和字符个数都不确定,加之船舶本身体积庞大、结构复杂,船体很多特征(如集装箱文字、吃水线等)与船名特征相似,此外夜间光照不足及大雨大雾天气等也会对图像识别造成一定的干扰,因此船名定位是一项极具挑战的工作。

一种基于计算机视觉的船名字符定位流程如下(见图4-15):第一步,将船舶图像转化成灰度图像并使用 Retinex 算法进行对比度增强预处理;第二步,搜索图像的最稳定极值区域(MSER),并将 MSER 区域作为船名字符候选区域;第三步,利用几何形状、尺寸等先验知识对候选区域进行筛选过滤,得到符合先验知识的字符候选区;第四步,对符合先验知识的文字候选区域做笔画宽度变换,设定笔画宽度均值方差阈值,得到符合笔画宽度特征的字符候选区域;第五步,训练一个文字和非文字分类器,用二分类器对字符候选区域进行分类得到最终文字区域。

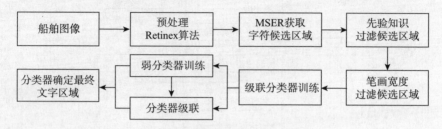

图 4-15　船名字符定位流程图

字符分割是船名识别的关键步骤,该步骤将定位的船名分割成单个字符,常用的字符分割方法包括投影法、连通域分析法和聚类等。字符分割首先需将船名图像进行预处理和二值化,随后进行垂直投影和水平投影,寻找垂直分割点和水平分割点,再结合连通域分析,得到单个字符图像。

字符识别部分分为特征提取和分类两个部分。首先基于数字图像处理算法提取图像的多种特征,得到字符的特征向量,然后通过人工神经网络分类器识别特征向量,进而达到识别图像中字符的效果。特征提取部分包括字符图片的归一化处理和特征提取(灰度特征提取以及方向梯度特征提取),人工神经网络分类部分包括 BP 神经网络的创建、训练和识别。

4.5.4　智慧船闸应用设想

(1) 无人值守过闸

运用基于视频的目标检测技术,检测航道内有无船舶待过闸,当待过闸船舶数量达到开闸标准时,自动开启下游(上游)闸门,基于视频技术检测船舶是否全部进入闸室,当船舶全部进入闸室后,自动关闭闸门,以同样的方式自动开启和关闭上游(下游)闸门,整个过闸过程不需要值守并可自动实现[59]。

(2) 船舶信息自动识别

基于图像识别技术,对过闸船舶的身份信息及载货信息进行自动识别,船舶的身份信息通过船名、AIS 进行识别,运用模式识别技术和图像处理技术对船舶载货货种进行识别,运用图像分析技术识别船舶吃水,从而判断载重状态,实现船舶信息自动识别功能。

案例篇

第 5 章 智慧内控案例

5.1 江苏高港船闸协同办公系统

5.1.1 建设背景

高港船闸地处长江北岸沿江圩区,是江苏里下河地区与长江之间重要的通航渠道。高港一线船闸闸室长 196 m,净宽 16 m,槛上水深 3.5 m,1999 年建成投运;二线船闸闸室长 230 m,宽 23 m,槛上水深 4.5 m,2015 年开始运行。船闸管理所现有职工 100 余人,设有安全监督股、运行调度股、工程技术股、稽查股、财务股、综合股及 4 个运行工班,运行工班实行四班三运转,包括调度、一二线船闸各闸口管理、上下游航道管理、上下游综合服务等岗位。一直以来,高港水闸管理所秉承"安全、高效、廉洁、文明"的管理理念,积极探索工程管理科学化,不断加强现代化建设,根据管理所的工作职能以及各股室、班组、岗位的特点和业务要求,建设具有智慧内控功能的现代化办公管理系统,不断提升船闸管理能力和水平。2017 年,高港船闸年通运量达到 8 000 多万 t,有力地推动了江苏里下河地区及东部沿海地区航运事业和经济建设的快速发展。

5.1.2 系统架构及功能

鉴于高港船闸内设管理部门多、人员管理复杂以及业务工作繁杂的状况,高港船闸管理者提出了建设智慧内控的具体思路。该思路旨在实现日常办公电子化、网络化、规范化和统一化,使得实时跨部门、跨地域协作办公成为可能,达到节省办公时间、节约办公成本、提高工作效率的目的。在该思路指导下建设的智慧内控办公管理系统架构主要为基础设置、集成应用、移动客户端 3 个功能模块,可实现个人事务、工作流、公共事务等 8 个功能项,其办公管理系统框架如图 5-1 所示。

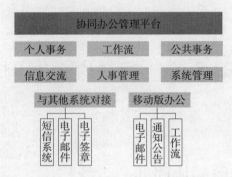

图 5-1　高港船闸协同办公管理平台总体结构示意图

智慧内控管理系统主要功能如下：

(1) 个人事务

个人事务模块是为了提高用户的日常工作效率而提供的个性化服务功能。通过该模块，用户可以及时了解需要办理的各项事务，进行自己的工作日程安排。个人事务模块常用功能包括收发电子邮件、接收手机短信、查看通知公告和新闻、进行投票、接收工作消息、举行视频会议等。同时该模块具备个人信息设置和管理功能，如修改登录口令、个人考勤、日程安排、工作日志、通讯簿、个人文件柜、控制面板管理等。

(2) 工作流

工作流是办公管理系统的核心内容。工作流包括工作内容或公文申请、审批、登记、操作等环节的管理功能。在这个过程中，协同工作的流程将作为数据被系统自动记录、存档，便于日后审核与查询。任何工作流程都可以指定监控人员和查询人员，监控人员可随时将流程转交下一步或终止流程，监控人员和查询人员拥有查询该流程全部工作的权限。

(3) 公共事务

行政公共事务是办公管理系统的重要组成部分，用于实现对电子政务各个方面的管理。在这个公共事务系统中，不同行政部门拥有不同权限，如公共资源管理部拥有的权限包括办公用品、固定资产、图书、公共通讯录管理，会议申请与安排，资源申请与管理等。相关部门负责人可对本部门职工的工作日程和任务安排进行查询，对工作日志进行点评，并安排工作计划。系统管理员还可以对通知公告、新闻、投票等选择发布范围以及通知特定人员。

(4) 信息交流

信息交流是办公管理系统重要的模块。通过系统中的讨论区、聊天室、网络会议，用户可以直接进行工作交流。通过网络硬盘和图片浏览功能，用户可以实现对服务器上文件和图片的管理和使用。公共文件柜则可以作为单位的文档中心、规章制度管理中心和文件共享管理中心,供用户浏览和使用。

(5) 人事管理

办公管理系统是人事管理重要的业务平台,为人事部门提供高效全面的管理工具。该模块设置的管理范围包括人事档案管理、考勤管理、劳资管理、人员考核、绩效考核、培训管理等。

(6) 系统管理

对办公管理系统进行有效的设置,分为权限管理和系统界面设定两部分。权限管理设置中,管理员可根据单位部门的规模和特点进行设置,给不同部门赋予不同权限,对不同角色采取灵活的权限分配策略。系统界面设定部分包括系统状态栏、菜单设置、字段、数据库自定义、词语过滤、日志管理、资源控制、系统访问控制、系统信息查询、系统安全等。由于该部分涉及系统代码与权限管理等核心设置,需要指派特定技术人员进行管理与维护。

(7) 与其他系统对接

办公管理系统预留了与其他系统的对接接口,便于系统进行业务拓展。例如档案管理信息系统已经建立,办公管理系统通过中间的接口与档案管理信息系统实现对接,可实现在线归档。此外办公管理系统还有集成对接短信、电子邮件、电子签章等功能。

(8) 移动版办公

通过移动版客户端(Android/iOS)进行移动办公是办公管理系统的一大特色,相较传统 OA 系统,移动版客户端拥有更强的灵活性。

① 移动客户端具备邮件、公告、工作流、微信等通知功能,方便用户随时查阅办公数据;支持多种网络环境,切换方便快捷。

② 采用全新的网络交互技术,在提高访问速度的同时大幅节约流量。

③ 支持新建工作和工作流转交、办理、会签及表单查看等功能,简化办公流程,使移动办公成为可能。

④ 对于不同手机系统的客户端,该系统也做出了相应优化。Android 手机版支持消息推送,移动办公更加及时;邮件、日志的编写可添加图片和附件,保证了信息传递的完整性,丰富了信息传递的多样性;支持手机签章,办理工作更加安全可靠;iOS 手机版支持图片、Office 文档在线阅读。

移动端系统拥有诸多针对手机客户端的优化,基本实现了无线移动办公的目标。

5.1.3 系统特色

高港船闸结合自身需求将 IT 资源转化为服务后,可以便捷地实现信息服务在不同组织、不同系统之间的共享,同时可以大大促进业务功能的跨部门访问和协同。大量高复用的服务资源为快速构建新的业务功能和业务系统奠定基础,实现用户信息化的可持续性建设与发展[60]。现总结其特点如下:

(1) 系统采用先进的 B/S(浏览器/服务器)架构进行设计开发,数据全在服务器上集中管理,客户端只需浏览器即可使用系统,安全方便。

(2) 系统内置智能维护功能,包括服务监控、数据定时备份、重要数据操作日志记录等,减少系统管理人员的工作量,省时省心。

(3) 系统协同办公平台扩展性好,提供附件、用户认证、权限等接口,方便开发自己的功能系统和集成其他三方系统。

(4) 移动客户端功能完备,重要公文或事务不再因经办人出差而迟迟得不到办理。由于手机办公自动化的方便性,任何时间地点均可以及时审批公文,办理工作流,查看邮件与回复,避免了工作停滞,缩短了物理距离,从而提高了办公效率。

(5) 交流渠道丰富,便于加强内部沟通与文化建设。以公告、新闻、论坛等多种方式和手段建立起立体沟通平台;建立内部信息门户,统一信息发布平台,增强组织成员参与的兴趣,促进内部文化建设。

(6) 具备知识管理功能,利于打破信息孤岛,实现知识和经验的随时积累与共享,增加用户学习兴趣。

(7) 监管查询机制成熟,工作流管理视图中可查看制度执行进度与工作绩效,易于实时督办,方便加强组织行为管理以及提高执行力。

(8) 信息管理体系规范,拥有多级权限控制,确保信息安全。

(9) 系统社区属性强,方便全员参与,易于多层次沟通,成为塑造单位内部文化的良好平台。

(10) 全面推进办公自动化,实现了高效、安全、规范地处理办公室内的事业性业务,大幅度提高了工作效率和服务质量。同时,为船闸各级管理人员进行宏观管理提供了高效、便利的服务,为科学决策提供参考依据,从而构建一套科学管理模式。

5.2 苏北航务处协同办公平台

5.2.1 建设背景

京杭运河苏北段(俗称苏北运河)位于江苏境内,北起徐州蔺家坝,南至扬州六圩入江口,全长404 km,纵跨徐州、宿迁、淮安、扬州4市14个县(区),贯穿沂沭泗流域、淮河流域和长江流域,北连鲁西南煤炭能源基地,南接经济发达的苏南、沪、浙,全程水位落差31 m,沿程共设10个航运梯级、28座船闸,是江苏及华东地区经济发展的水运大动脉,更是北煤南运、南水北调的主通道,是中国最繁忙的高等级内河航运干线。

京杭运河江苏省交通运输厅苏北航务管理处(简称"苏北处")负责对京杭运河苏北段的航道、船闸、航政等工作进行全面管理,全处设立4个航道管理站,分段负责京杭运河苏北段的航道养护工作;10个船闸管理所,分别负责所辖船闸的养护管理工作,并设有一个应急保障中心。

面对如此复杂的航段和众多管理部门,苏北航务管理处的日常管理工作相当繁杂。为大幅度提高联网办公效率,实现上下级公文网上收发传输、协同办公、资料共享、后勤管理等,苏北航务管理处对现有办公系统及内控系统进行升级,建设学习交流、移动办公、资料共享、航务信息、后勤管理等功能模块,集成苏北航务处各业务系统,实现统一用户管理,建成苏北航务处协同办公平台。

5.2.2 系统架构及功能

京杭运河苏北段协同办公平台建设包括办公应用系统建设、会议管理系统建设、资料共享系统建设、航务信息系统建设、学习交流系统建设、后勤管理系统建设以及内控系统建设等7大部分,平台提供PC端和移动端的应用。移动端设有公文管理、会议管理、出差申请、航务信息以及通讯录等模块,同时集成应用提供短信、档案、电子邮件以及电子印章等多种对接方式。平台系统架构如图5-2所示。以下重点介绍平台7大应用系统主要功能。

(1) 办公应用系统

为满足苏北航务处机关内部日常办公业务需求,实现无纸化办公,平台设置办公应用系统模块,该模块包括公文流转、加盖电子公章、分发、归档以及短信提醒等业务活动,管理各种归档的公文,并提供全文检索功能;提供各类公文、项目、简要事项的签报管理;提供对办理人办件数及办理效率的统计,可按

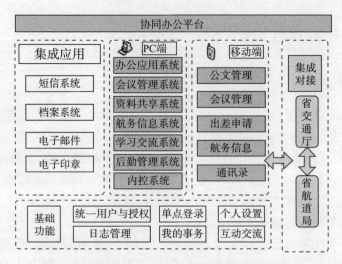

图 5-2 苏北航务处协同办公平台总体结构示意图

照时间段、部门、人员进行分类统计、排序;督查督办重点工作及公文办理,主要提供重点工作及公文登记、办理反馈、提醒预警、催办、督办、办理反馈、统计汇总等功能。

(2) 会议管理系统

因苏北航务管理处经常有组织会议的工作需要,为解决会议工作中涉及的会议组织、会议资料存档、会议记录返查等问题,平台设置会议管理系统模块,该模块主要包括会议室管理、会议通知、会议签到、会议资料。会议室管理模块提供会议室的登记、申请与审批等功能,可查询会议室的使用状态,并提供短信等方式的提醒;会议通知模块提供会议通知的发布功能,通知内容包括会议地点、会议时间、参会人员等信息,通知支持短信等方式的提醒,提醒方式以及提醒次数可自行定制;会议签到模块提供参会人员的签到,其中手写签名在移动端实现,PC端仅支持手写签名的展示;会议资料模块包括上传会议资料,会议资料查看、下载等功能。

(3) 资料共享系统

为提高各部门间信息传递、信息共享的效率,将各部门间的文档资料分门别类,有序地整理并存储,建设资料共享系统模块,该模块提供资料上传、分类管理、资料检索和在线浏览等功能。同时提供 Word、Excel、pdf、ppt 以及图片等各类型文档资料的上传功能;提供包括领导讲话、法律法规、会议材料、简报信息、规划专栏、调研报告、汇报交流、制度汇编等分类资料常用类别的分类管理,并支持添加自定义分类;提供按照标题、关键字等条件查询的功能,支持全文检索。

(4) 航务信息系统

为使工作人员实时了解并查看航务等信息,建设航务信息系统模块,该模块提供航务信息的信息上报、信息审核、信息阅览、信息检索、信息统计等功能。

(5) 学习交流系统

为不断提高员工的政治理论素养和业务工作能力,进一步完善学习制度,强化激励机制和考核机制,进一步创新学习形式,平台特别设置学习交流系统模块,该模块支持年度学习计划制订,并且提供了党章党规、领导讲话、决策部署及发展规划等文件在线学习功能,此外还有对参与学习的情况统计考核的功能。

(6) 后勤管理系统

后勤管理模块解决与每位在职人员切实相关的生活保障问题,如办公用品申领、出差流程等。该模块提供办公用品采购、申领、分类、库存盘点及查询统计等功能;提供填写出差申请、删除出差申请、查询出差申请、审核出差申请、退回出差申请等功能;提供外宾造访苏北航务处的预约登记及提醒功能。

(7) 内控系统

为了解决苏北处的整体工作统筹规划问题,使工作在具体实施过程中有据可循、有点可依,提出了内控管理系统模块建设。该模块提供年度计划编制、计划变更、初审、部门会签、分管领导审核、主管领导审定等环节管理功能;提供物资采购、维修申请、资产变更、资产报废及物资分类管理功能;提供事故信息上报、事故调查组组建、调查报告上传及处理建议填报、处理结果上报、结案归档等环节管理功能;提供绩效福利分配方案的提交、审批及结果公布等功能,分配方案提交相关部门会签中所有审批意见严格控制为必填数据项,确保审批过程信息留痕,同时为纪检监察部门提供全过程的监督管控;提供年度审计计划录入、审计单位管理、审计工作管理等管理功能。

5.2.3 系统特色

苏北处建设的协同办公平台充分运用信息化系统的先进理念和技术,达到协同办公安全、高效和低成本的目标,提高机关办公和管理能力,有利于机关充分获取和运用信息,更加准确地了解各基层单位的状况,提高管理的针对性、有效性;有利于高效利用现代信息技术和信息服务,降低行政监管成本。协同办公系统主要特色如下:

(1) 以管理单位实际需求为导向,不断优化协同办公平台建设。该平台立足于苏北航务管理处管理现状,深入了解各管理部门具体职责和办公需求,打造实用性高、适用性强的协同办公平台。例如结合具体单位内部结构和办公管理业务,设计学习交流系统模块和航务信息系统模块,为职工提供学习和信息共享平台。

(2) 利用畅通的信息共享与交流机制,充分实现部门的协调。信息化的关键不在于技术,而在于信息本身,通过系统几乎可以查到所有公开信息,由于公开透明度比较高,所以网上内容丰富、更新及时。建立畅通的信息共享和交流机制,将丰富的信息资源有效利用和归集起来,充分实现信息从管理中来又服务于管理的良性互动。

5.3 三峡通航管理局综合管理信息系统

5.3.1 建设背景

长江三峡通航管理局(简称"三峡局")是经交通部批准设立的具有行政管理职能的事业单位,是交通部长江航务管理局设在宜昌主管长江三峡河段(庙河至中水门,全长 59 km)通航业务的专门机构,主要业务部门有船闸运行管理单位、三峡海事、航道局、通航工程技术中心、通信信息中心等 18 个下属单位。

三峡局负责长江三峡和葛洲坝的水利枢纽通航建筑物及其配套设施的运行、维护、管理工作。由于枢纽工程运行管理的内在需要,三峡通航管理的组织机制、运行特点、管理方式都有异于其他江段:所辖区域跨度较大,管理的水域以两坝为重点,同时具有点多、线长、分散、专业门类多、突发性和协调性工作量大、政治敏锐性强等特点。三峡局需要在 59 km 河段内同时管理葛洲坝和三峡两座大型枢纽的船闸,特别是规模相当于 10 个葛洲坝二号船闸的三峡双线五级船闸,三峡局需要面对的情况相当复杂,管理起来也更加困难,其影响和责任尤为重大。

三峡局自成立以来,根据三峡辖区的自身特点和实际需求,结合对先进信息技术的广泛了解和深入研究,对三峡辖区进行了长远的信息化规划,并分步实施。经过多年的建设积累,三峡通航信息化得到了快速发展,推动了通航管理模式和业务流程的优化及再造,通航效率和服务能力均显著提高,明确了"数字三峡、智能通航"的建设目标[61]。

5.3.2 系统功能

在内控管理上,三峡局的目标是建成综合管理信息系统,该管理信息系统一可以大力提升船闸运行管理水平和效率,二可以实现船闸运行管理、安全管理、维修管理等各项管理的信息共享和系统集成。近几年,三峡局下属各单位分别开展了船闸运行、设备管理、电子巡检、备品备件管理等信息系统的研究开发,虽然部分已投入使用,但这些系统各自为政,没有形成综合效能,应用平台落后。针对目前三峡局下属各单位管理信息系统研发现状,建设三峡局综合管理信息系统的协同办公平台,提升系统开放性,提高三峡通航综合管理及公众服务整体效率成为必然选择,从而推动"数字三峡"建设进程[62]。

(1) 综合管理信息系统工程中的协同办公子系统在数据融合并集中管理的基础上,通过对现有办公及服务系统的改造和扩充,完善系统配置。率先建成长江通信专网首套分组传送网(Packet Transport Network, PTN)系统,打造三峡光传输高速公路,有力保障通航管理业务稳定、高效运行,满足三峡通航管理综合信息服务需求,同时对长江通信专网建设具有引领和示范效应。

(2) 在数据融合并集中管理的基础上,综合管理信息系统工程中的协同办公子系统,构建综合应用,实现了办公、公众服务业务的有机融合,消除目前各系统相互独立所造成的业务传递以及信息交换的障碍。

(3) 通过手机客户端、网页系统、PC 软件等多样化的途径,为员工提供个性化的工作门户与入口,承担起了内部门户的作用和功能。此外,系统突出数据、信息的主动推送,提供立体化的消息提醒机制,利于推动管理流程优化,提高工作效率。

该系统遵循三峡局信息资源规划要求,以工作流程为驱动、以数据为载体,在不同单位、职责岗位和人员之间进行流转,完成公文、审批单和信息发布的业务协同功能,实现了三峡局内不同层级、不同部门或部门内部之间信息的准确完整传递、沟通和协同。此外,系统还可利用网络、短信、电话等多种方式提供公众服务功能,进一步拓宽服务渠道,全面提高公众服务水平。

5.3.3 系统特色

(1) 三峡通航管理以"畅通、高效、平安、绿色"为总体工作目标,充分利用三峡局已建网络及信息系统资源,对其进行整体优化、补充完善,并通过完善网络基础平台建立三峡通航数据中心,开发综合应用系统,从而达到信息资源的整合、提高、共享,实现通航管理业务的无缝接续和流转,推动三峡通航由传统管理向现代服务转型,全面提升三峡通航管理与服务水平。

(2) 三峡通航管理的特点体现在"综合"上,为了适应现代通航管理的需求,更好地应用现代信息技术,三峡局对其信息资源进行了"顶层设计",对已有的信息系统进行整合集成,制定相关数据格式标准,并建设基于面向服务架构(Service-Oriented Architecture, SOA)的应用系统架构,开发应用系统框架软件,制定数据交换接口标准,实现三峡局应用系统的数据融合、协同应用,解决目前存在的生产作业数据存储分散、冗余度高、无法共享等问题,实现数据的统一管理,为船闸运行管理提供畅通、高效的信息交互平台,推动信息化由面向应用到面向服务的转变[63]。

三峡通航管理系统为三峡地区的通航管理提供高可靠、高安全、易管理、易维护的数据应用保障,为后续的信息化建设工作制定了标准和规范,助力"数字三峡,智能航运"发展。

第6章 智慧收费与智慧调度案例

6.1 江苏高港船闸电子收费信息系统

6.1.1 建设背景

高港船闸运用传统的收费调度系统亦可以实现船舶登记收费、调度等统一管理,船舶过闸流程包括报港区停泊、接受船证身份检查、上岸登记缴费、待闸区停泊、调度进闸等几个环节,但此管理模式也存在以下弊端:

(1) 船员需离船上岸到固定的服务点登记缴费,不够便捷。
(2) 船舶身份需工作人员逐条登船核查,核查效率低,且易出现行风问题。
(3) 因现场条件限制,长江过闸船舶需多次往返引航道的报港区与长江的停泊区,易发生引航道拥堵及船舶碰撞事故,同时船舶多次停靠增加了燃料消耗。
(4) 船员上下船舶不安全,容易发生摔倒及落水事件,等等。

为此,迫切需要运用先进的科技成果,提高高港船闸过闸服务能力,优化船舶过闸流程,提升信息透明度,打造船闸服务品牌,积极推进"互联网＋船闸收费调度"建设。

6.1.2 系统架构及功能

高港船闸电子收费信息系统软件架构如图6-1所示,系统架构分为应用展现层、业务逻辑层、系统支撑层、数据存储层、基础设施、采集层以及外部接口。

(1) 应用展现层

系统采用B/S架构,便于用户通过网络随时随地登录系统平台。为提供良好的业务类型扩展性和业务规模扩展性,系统运行过程中对数据进行实时备份,保证数据的安全性和有效性。

(2) 业务逻辑层

业务逻辑层包括船舶登记、船舶缴费、船舶调度、特殊业务、微信管理、交班管理、船库管理、短信管理、稽查、票据管理、报表管理以及系统管理等具体业务功能。

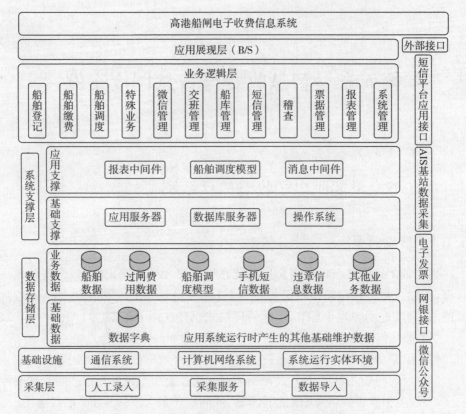

图 6-1　高港船闸电子收费信息系统软件架构

（3）系统支撑层

系统支撑层分为基础支撑和应用支撑。基础支撑包括应用服务器、数据库服务器和操作系统；应用支撑包括报表中间件、船舶调度模型和消息中间件。

（4）数据存储层

数据存储层分为基础数据和业务数据。基础数据包括数据字典和应用系统运行时产生的其他基础维护数据；业务数据是船闸调度具体工作中产生的数据，包括船舶数据、过闸费用数据、船舶调度模型、手机短信数据、违章信息数据和其他业务数据。

（5）基础设施

基础设施即系统运行的基础设施条件，包括通信系统、计算机网络系统和系统运行实体环境。

（6）采集层

采集层指数据从获取到运用的全过程，包括人工录入、采集服务和数据导入。

第 6 章　智慧收费与智慧调度案例

（7）外部接口

外部接口包括短信平台应用、AIS 基站数据采集、电子发票、网银接口、微信公众号等外部接口。

船闸电子收费信息系统类似于高速公路 ETC 系统，是实现一站式过闸的"水上 ETC"系统，主要功能如下：

（1）船舶绑定

船员可以对船舶信息进行绑定和解绑管理，每个微信号可以绑定多条船，每条船也可以绑定多个微信号（见图 6-2）。

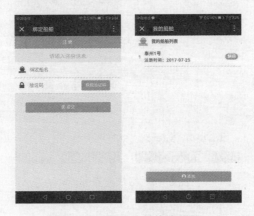

图 6-2　微信船舶绑定界面

（2）报港登记

船员可通过微信公众号在线填报船名、载货品种、超载吨位、是否是危险品船、闸费（系统根据吨位自动计算）等信息，信息登记成功后可继续在线选择自动缴费或上岸缴费等功能（见图 6-3）。

图 6-3　微信报港登记界面

(3) 在线支付

系统提供微信支付和手机网银支付等多种支付方式。通过与银行网银对接,船员可在微信平台进行缴费与查询等操作(见图 6-4)。除了正常缴费外,系统还支持退款操作,在操作退款时设置多重确认界面,防止船员误操作。为保证网银账户及退款安全,系统与银行网银系统进行充分讨论并进行多重安全防护,在网络方面,设置防火墙等网络安全设备,有效阻止网络入侵。

图 6-4 微信缴费界面

(4) 电子发票获取

船员可以通过微信公众号获取电子发票,发票内容包括发票代码、发票号、开票日期、校验码等(见图 6-5)。

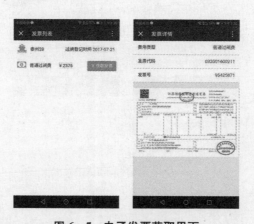

图 6-5 电子发票获取界面

(5) 在线查询

船员可以在微信公众号上查询船舶实时位置、船舶状态以及船舶待闸等信息

第6章 智慧收费与智慧调度案例

(见图6-6)。

图6-6 船舶待闸信息查询界面

(6) 船舶调度

高港船闸电子收费信息系统除具有船舶的调度功能外,还具有待闸库查询、延迟库查询、未调库查询、已预调船舶查询、违章查询、历史调度信息查询等功能(见图6-7)。

图6-7-1 高港船闸电子收费信息系统调度界面(a)

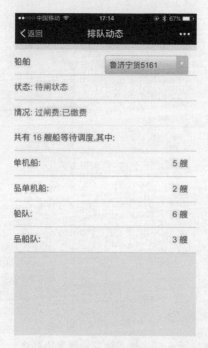

图 6-7-2　高港船闸电子收费信息系统调度界面(b)

6.1.3　系统特色

系统充分运用移动互联网、船舶 AIS、微信公众号、手机网银、微信支付、电子发票等"互联网+"技术，真正实现船舶身份自动识别，船员不上岸即可办理过闸申报并进行信息查询及自助缴费等。

（1）实现在线船舶监管和业务办理

以往船舶到闸，船员都必须登岸到服务大厅办理登记缴费，由于路途较远且需排队等待，需要花费大量时间及交通成本。该系统提供的微信公众号服务使得船员无须上岸即可实现船舶身份自动识别、违规监管，在线办理过闸申请、过闸费用缴纳、发票下载等业务。

（2）实现船闸、航道的管理便捷化

使用船闸电子收费信息系统后，船员在船闸周边 10 km 范围内即可在船上通过手机远程登记缴费，船舶无须开进引航道内等待缴费，从而缓解了船舶在停靠期间因引航道条件限制引起的航道堵塞，降低了船舶碰撞事故的发生率，减少了船员落水事件的发生。船舶过闸更加便捷，船员满意度进一步提高，闸船双方关系更为融洽。

(3) 实现船舶低消耗,促进节能减排

没有实现在线电子缴费业务办理之前,船舶需要先进入船闸引航道停靠,然后上岸办理相关手续,再返回船上行驶到待闸区待闸,既消耗燃油,又产生排放污染。系统上线后,船舶可直接驶至待闸区等待调度过闸,节省了船舶燃油消耗。同时,船舶过闸无纸化使得船闸纸张消耗大大减少。

(4) 实现了船闸、航道的智能化

实现过闸手续网上办理、过闸信息网上查询,船舶身份核查、登记缴费、调度等环节全程电子化,无人工干预。

6.2 三峡、葛洲坝联合调度系统

6.2.1 建设背景

船舶过坝通航调度是长江三峡通航管理局的一项重要工作。通航调度工作必须能够及时掌握船舶动态,并能够对船舶进行准确识别。通过多种监控手段,及时地验证过闸船舶的船名、船位、装载情况、抵闸时间等过闸参数,确保准确、高效运行以及过闸信息的及时发布和优化更新,提高船舶和船闸的运行效率[64]。

2004年三峡—葛洲坝船舶通航调度系统在"三峡局信息化(一期)系统工程"和"三峡坝区船舶过坝优化调度辅助决策系统"的应用基础[65]上,通过对调度业务的调研,优化工作流程,建立数学模型,综合运用计算机、自动控制、运筹决策等技术,建立数字化、自动化的通航调度系统,提供及时、规范的信息采集、生成、交换、共享、管理手段,使各级管理人员能够全面、准确、迅速地获取信息,优化调度决策,下达各项指令,以满足三峡—葛洲坝两枢纽船闸联合运行统一调度的管理需求,逐步实现调度工作智能化,确保三峡通航"安全、有序、畅通"。在组织机构上,"长江三峡通航管理局调度指挥中心"于2005年11月正式成立,负责对三峡河段的通航实施统一调度[66]。

在三峡—葛洲坝水利枢纽中的通航设施包括三峡南线,三峡北线,升船机,葛洲坝1线、2线、3线船闸。在长江三峡河段,通过两坝的船舶按照三峡下水、葛洲坝下水、葛洲坝上水、三峡上水四个航向通过船闸。过坝的船舶在接受船闸(随机服务系统)的服务中,要求实现时间优先、面积优先、种类优先的合理平衡,以满足公平性的要求。船舶过闸的调度应兼顾以下多样限制与要求:客轮及公务船待闸时间的限制、货轮和转闸拖轮待闸时间限制、跨台班船舶闸次数限制、两坝间滞留船舶的限制、葛洲坝船闸的交替运行限制、两坝通过能力的协调要求、由于葛洲坝三个船闸的大小和对通航条件而产生的差异性要求、葛洲坝三船闸任务分配的均衡性要求、由于上下水船舶流很不均衡导致的葛洲坝倒空闸的要求、在通航能力受限情况下尽可能提高闸室面积利用率的要求[67]以及对客户的服务承诺等。优化船舶过闸计划的目的是在满足各类约束条件下,使水利枢纽的通航能力得到最大的发挥。

由于三峡—葛洲坝梯级枢纽是一个有机的整体,因此必须对三峡—葛洲坝梯级水利枢纽通航实行统一的行业调度管理体制。三峡航运调度中心作为三峡局主要业务部门之一,负责受理船舶过闸申请,对三峡大坝和葛洲坝枢纽实行两坝统一调度。安排和调整船舶过闸计划,提供特种船舶过闸保障,对断航、碍航情况负责组织应急调控和疏导工作,保证三峡船闸和葛洲坝船闸实行全天候24 h不间断作业,确保三峡通航"安全、有序、畅通",提高三峡和葛洲坝枢纽的船闸通过能力,综合管理三峡大坝和葛洲坝两大水利枢纽的通航设施,实现船舶过闸便捷、通畅和有序,为长江航运和国家社会的发展提供更好的服务。

6.2.2 系统功能

三峡—葛洲坝两坝联合通航调度系统是建立在航运、梯调、海事等各部门互相协作的基础上,并依托于计算机网络、数字移动通信、全球卫星定位(GPS)等技术的综合航运信息监控管理平台和船舶过坝调度辅助决策系统[68]。其中联合调度的实质,是将三峡下水、葛洲坝下水、葛洲坝上水、三峡上水四个航向的船舶按照相应的申报过坝时间和一定优先级顺序排入两坝船闸,从而生成相应的五个船闸的上下水运行时间表(包括闸次的次数和各闸次运行的时间),相应对各过坝船舶提供过坝时间、安排的闸室和在闸室中的具体位置。调度计划包含24 h框架计划、24 h详细计划和动态计划(例如4 h计划)。

为确保三峡通航"安全、有序、畅通",三峡船闸(升船机)和葛洲坝船闸实行全天候24 h不间断作业,并实行"滚动申报、统一计划、分坝实施"的调度模式,通航调度系统采用七大功能模块,其模块结构示意图如图6-8所示。

图6-8 三峡—葛洲坝水利枢纽联合调度系统功能模块结构

第 6 章 智慧收费与智慧调度案例

（1）数据采集与维护模块：主要用于采集包括船舶基本信息（见图 6-9）、船舶申报信息（见图 6-10）、锚地信息、气象信息、水位信息、实际流量信息、预报流量信息、航道信息、实际停航信息、计划停航信息、翻坝信息等调度系统所需的信息。

图 6-9 船舶基本信息录入界面

图 6-10 船舶申报界面

(2) 计划执行模块(见图 6 - 11):根据调度指挥中心下达的调度计划,结合船舶动态,选择调整或不调整调度计划,组织船舶发航,指挥船舶过闸,并记录调度计划运行实绩和船闸运行时间及其他相关时刻,生成各类报表,进行统计分析并存档。

执行闸次计划

计划时间:	2005-07-07 00:00	闸 号:	葛洲坝1#
闸 次:	2	航 向:	上
首船离开靠船墩时间:	2005-07-12 00 时 00 分	最后一船离开闸室时间:	2005-07-12 00 时 00 分
第一道人字门开始关闭时间:	2005-07-07 19:30	第二道人字门开终时间:	2005-07-07 20:20

该闸次内船舶信息:

船名	申报方式	申报时间	船舶类型	驳数	货种	定额吨	实载吨	实载客	队形	船长	船宽	吃水	功率	过坝方式	过闸标志
涪港803	乐天溪登记站	2005-07-07 23:00	普通货船	0	集装箱	1500	1200	0	单船	75.0	14.0		900.0	葛闸三峡上	☑
航远999	乐天溪登记站	2005-07-07 17:00	普通货船	0	矿建材料	0	0	0	单船	80.0	13.5		0.0	葛闸三峡上	☑
金龙1	乐天溪登记站		拖船	1	--	0	0	0	正顶	65.0	7.0		33.0	葛闸上行	☑
清河608	乐天溪登记站	2005-07-07 23:00	普通货船	0	钢铁	0	0	0	单船	90.0	15.0		600.0	葛闸三峡上	☑
和平5	乐天溪登记站	2005-07-08 01:00	普通货船	0	矿建材料	750	1010	0	单船	62.0	10.0		208.0	葛闸三峡上	☑
祥富608	乐天溪登记站	2005-07-08 00:00	普通货船	0	矿建材料	0	0	0	单船	70.0	12.0		0.0	葛闸三峡上	☑
民俭	乐天溪登记站	2005-07-08 00:00	普通货船	0	滚装车	0	1500	0	单船	86.0	16.5		0.0	葛闸三峡上	☑

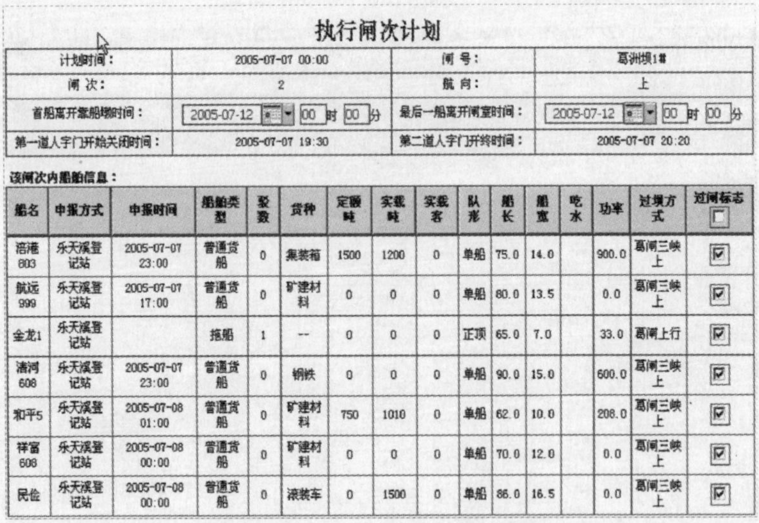

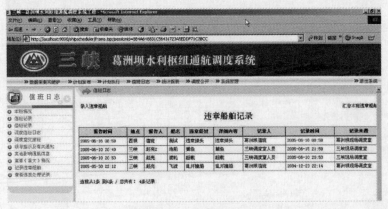

图 6 - 11 执行闸次计划界面

(3) 值班日志模块(见图 6 - 12):为登记站、调度指挥中心、三峡调度值班室、葛洲坝调度值班室这四个部门的工作人员提供值班情况记录、维护及查询功能。

图 6 - 12 值班日志界面

(4) 调度公开模块:在保密制度允许的范围内,通过门户网站、登记站查询终端、大屏幕以及 GPS 系统等公布通航调度信息(见图 6 - 13),以方便外界查询并接受社会监督。

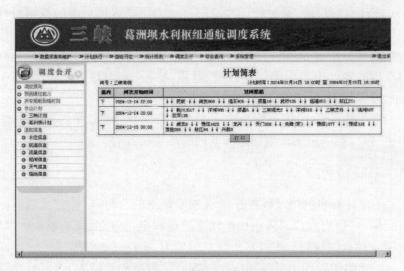

图 6-13　调度公开计划简表

（5）系统管理模块（见图 6-14）：包括系统用户的管理和用户使用系统的日志记录。用户管理部分包括系统管理员添加、删除、修改用户基本信息以及更改用户角色和普通用户修改个人登录密码。系统日志部分提供了查询系统操作日志的功能：记录用户自登录后所进行的主要操作时间与内容，包括计划编制、计划修改及数据修改等。

图 6-14　系统用户管理主界面

(6) 统计报表模块:通过简化的操作界面向用户提供全面的数据统计分析功能。统计模块根据船舶申报信息、环境信息以及船舶实际过坝情况,生成各种统计报表和分析报告,供相关人员查询,供管理层进行分析决策。具有生成指定时段内的统计报表功能包括日报、月报、年报、航道参数统计、船闸工况统计、快报、专项报告等。

(7) 综合查询模块:根据用户输入的查询条件列出系统中的船舶基本信息、船舶申报信息、船舶过闸计划信息和其他的环境信息等。

6.2.3 系统特色

(1) 实现计算机网络及硬件在所有调度站点的全覆盖,保证了系统间数据的实时交换,并可以完成对入网船舶动态的远程定位跟踪、所有船舶在辖区(暂为船闸区域)的可视监控,进一步提高通航能力,实现高效管理。

(2) 支持船舶远程申报与到锚登记等多种申报和登记方式,可自动受理多种途径的过闸船舶申报,提高申报效率,提升申报便捷度。

(3) 提供自动、半自动、全人工三种计划编制方式,能生成符合要求的 24 h、4 h 调度作业计划,优化船舶进闸调度。

(4) 通过多种手段和方式及时发布计划。船舶能通过多种手段和方式及时获取过闸计划和其他通航信息。

(5) 可在调度中实现"一次申报、动态计划、全程调度、无缝衔接",在通航管理中实现调度公开,推进电子政务建设,提高通航管理部门的服务质量,减轻长江三峡通航管理局的日常工作量,提高调度效率。

6.3 苏北运河船闸智能调度系统

6.3.1 建设背景

据统计,2016 年京杭运河苏北段 10 级船闸累计开放闸次 31.2 万次,放行船队 9.3 万个,放行货轮 90.8 万艘,累计船舶通过量 20.1 亿 t,累计货物通过量 14.7 亿 t;货物运量 3.1 亿 t,同比增长 5.2%;货运周转量达 589 亿 t·km。水运市场高度繁荣的同时,船闸的船舶实际通过量已远远超出船闸最初设计的通航能力,船闸长期处于超负荷运行状态,部分船闸的待闸船舶数量长期在 1 000 艘以上,最长待闸时间达 15 天以上。船闸已成为苏北运河通行的"瓶颈"[69]。通过对船闸运调管理研究和运行数据分析,目前影响苏北运河通行能力的因素主要有以下几个方面:

(1) 船闸分布不均

苏北运河船闸呈线状分布,一闸不畅将影响整体的通行能力,同时运量分布不均衡,呈中间大、两头小分布,中间六座船闸区域运量远大于两头闸区运量。因此,要提升苏北运河通行能力不仅要解决单个繁忙船闸通过能力的问题,更要通过多座船闸联合调控,让船舶平均分布在各个航段内,从而行得通、走得畅。

(2) 船舶大型化、船型多样化发展

私有经济在水运经济中占有比重逐渐加大,船舶的发展也受到水运经济快速发展的影响,无序竞争导致船舶大型化趋势加剧,这些非标准化的船舶加大了船闸排档的难度,降低了闸室有效利用率,部分船舶的吃水甚至达 4.5 m 左右,在通过一些船闸时富余水深不足,对闸的底槛构成威胁,大大影响了船闸的通行能力。

(3) 船证不符现象依然存在

早在 2005 年,苏北运河船闸就使用计算机对船舶台账数据进行管理,并通过船舶复核和专项整治对船证不符情况进行治理。但由于利益的驱使,部分船员违规顶号、冒号,船证不符现象仍时有发生,大船小证依然有生存的空间。

(4) 船闸调度过程的人为因素影响

采用人工调船方式,船闸工作人员的技术水平高低、工作经验深浅、工作责任心优劣、劳动状态好坏将直接影响船舶调度时间的把控和闸室的使用率,调度质量的高低直接影响船闸的通航效率。

(5) 船与船闸间缺乏良好的沟通手段

闸、船间的信息传递方式,一是船员通过电台问询船闸调度信息,二是船员到达远方调度站查看调度号码,如无法及时准确地告知船员信息,往往造成调度上的延误,船舶无法及时进闸。还有一些船员主观判定调度时间,提前进入引航道,造成交通拥堵及船闸上下游通行不畅,导致船闸运行效率降低。

6.3.2 系统架构

基于苏北运河现状的分析,苏北航务管理处以相关政策法规为依托,通过对船舶数据、船闸运行数据的统计与分析,深入研究各种因素与通过能力、服务水平的关系,应用无线通信、现代信息技术等高新科技手段优化船闸运调流程,建设苏北运河船闸智能调度系统,优化后的船闸调度业务流程如图 6-15 所示。

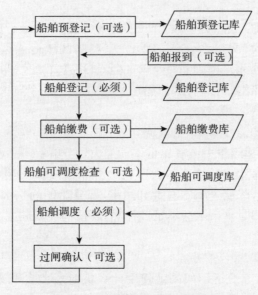

图 6-15　船闸调度业务流程图

系统采用独创的船闸智能调度算法，通过对过闸船舶数据的采集、融合、分析、运算、调度、排档，形成智能化、可视化的船舶过闸智能调度体系，并借助"船讯通"手机 App(见图 6-16)，实现船舶过闸的智能登记、移动缴费以及船舶过闸资讯的主动推送和查询。

图 6-16　"船讯通"App 申报界面

6.3.3 系统功能及特点

系统主要功能包括船舶身份智能识别、自助登记、自助缴费、智能调度、排档信息获取、船员信息服务等内容。

(1) 支持多种方式对船舶进行身份识别

通过 AIS 终端、GPS 终端、智能手机等多种船载终端的数据接入实现对船舶的离岸智能识别。同时，也可以借助视频监控，并采用人工辅助的方式实现船舶的离岸辅助识别。

(2) 支持从离岸到现场的多种船舶登记方式

在船舶智能识别的基础上，船员可借助智能手机、船载终端、电话等多种方式自助完成船舶的过闸登记，同时也支持传统的上岸登记。

(3) 支持从网银到现金的多种闸费缴纳方式

在自助或人工进行船舶登记后，船员可借助智能手机实现船舶的闸费网上缴纳。

(4) 支持公平和效率兼顾的智能调度模式

系统根据闸室空间利用率最大化和过闸时间成本最小化的编排原则，结合各个船闸的实际情况，进行不同的设置和调节。通过智能调度算法进行过闸船舶调度排档的自动调整，实现提高效率（以闸室利用率最大化为目标）和公平公正（以先到先走的时间最小化为目标）的动态平衡。

(5) 支持可视化的排档信息管理

系统通过闸次计划图和档位图为船闸调度管理人员提供直观的、可视化的调度手段。

(6) 支持多样化的服务方式

系统采用可扩展的业务架构，根据不同客户和不同的业务场景，扩展更多的船舶登记方式（如通过微信进行船舶登记）、闸费缴纳方式（如通过第三方支付平台进行闸费缴纳）和船员服务方式（通过微信提供船员服务）。

目前京杭运河苏北航务管理处在京杭运河苏北段的 10 个航运梯级、28 座船闸全面采用该系统对船舶船闸尺度、待闸船舶进行数学建模、智能排档和编组，以往的大船小证、船证不符等现象得到有效管控，全线 40 多个运行工班依靠手工调度已成为历史，用信息化技术实现了流程再造，极大地提高了工作效率，使过去长时间待闸、超负荷运行等问题逐步得到缓解。经实际使用和验证，苏北运河全线 10 级船闸的运行能力平均增长了 10% 左右，个别船闸甚至提高了 20% 左右的运行效率。

6.4 广西右江鱼梁船闸调度管理系统

6.4.1 建设背景

广西右江鱼梁航运枢纽是以航运为主,结合发电,兼有灌溉、养殖、旅游等综合利用效益的枢纽工程,是右江千吨级航道建设的重要项目之一[70]。前期建设的船闸调度管理系统因分属的开发商不同,没有形成统一的数据标准,报表也不统一,无法实现信息整合。同时,在用系统均未实现计算机辅助船闸排档,仍采用低效率的人工方式。因此运用先进的技术,针对现有船闸调度管理系统的不足之处进行改进,使其符合鱼梁船闸调度需求,同时还能与已建设系统的信息相整合,为后期系统升级改造做铺垫。

本节结合鱼梁船闸的实际情况重点阐述调度管理系统的设计方案。船闸调度管理系统通过多种业务模块实现对船闸的运行管理功能,主要包括运行调度、船舶故障管理等功能,偏向于管理和调度。该系统通过联合短信平台以及船闸监控系统实现船舶过闸的全程自动化管理。

6.4.2 系统架构

鱼梁船闸各部门具体职能如下:

(1) 总调工作站:位于南宁集控中心,综合展示鱼梁船闸、那吉船闸的船闸调度信息,部署 Oracle 数据库。

(2) 船闸调度管理服务器:位于鱼梁调度室,负责鱼梁船闸调度管理,具有辅助排档、系统管理等功能。

(3) 通信服务器:位于鱼梁调度室,负责与船闸监控系统通过串口通信,单向接收船闸监控系统的相关数据。

(4) 上游远调工作站:位于鱼梁上游登记处,负责上游船舶登记、报到。

(5) 下游远调工作站:位于鱼梁下游登记处,负责下游船舶登记、报到。

(6) 终端浏览用户:办公网络内的终端浏览用户通过 IE 浏览器查看实时船闸信息。

根据船闸各部门的业务功能,设计系统部署结构如图 6-17 所示。

综合考虑船闸调度各项业务功能及后期拓展需求,系统采用分层分布式的架构模式,纵向上分为数据平台、服务平台和业务平台,业务平台的各项业务能够根据应用需求分布在各个职能节点。系统总体架构如图 6-18 所示。

数据平台包含基于 Oracle 数据库存储的数据模型,以及访问数据模型的接

第 6 章 智慧收费与智慧调度案例

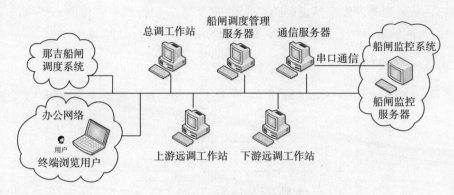

图 6-17 系统部署结构示意图

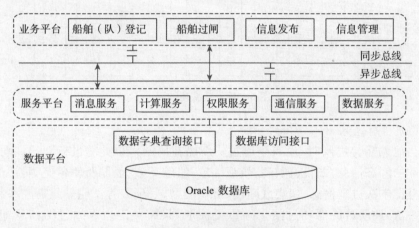

图 6-18 系统架构图

口。数据字典是在数据库设计时用到的一种工具,是用户可以访问的记录数据库和应用程序源数据的目录,用来描述数据库中基本表的设计,主要包括字段名、数据类型、主键、外键等描述表的属性的内容;数据库访问接口提供对各类主题数据的访问,包括数据定位、数据存储、数据修改、数据转换以及数据虚拟视图等功能。

服务平台基于数据平台,采用 SOA 面向服务的架构为业务平台提供消息服务、计算服务、权限服务、通信服务以及数据服务等。各类服务均可通过同步总线和异步总线两种方式提供分布式的服务调用。

业务平台与用户接口,调用各类服务接口,实现船舶登记、船舶过闸、信息发布和信息管理的功能。根据业务需求,船闸登记处具备船舶登记功能,调度室具备船舶过闸、信息发布和系统管理的功能,而任一具备权限的网络内终端用户具备远程查询发布信息的功能,因此各类业务均按照组件化的思想来进行设计,不同的业务组件按需拼装成系统以满足不同的应用场景。

6.4.3 系统功能

系统功能由船舶登记、船舶过闸、信息发布和信息管理四大部分组成(见图6-19)。

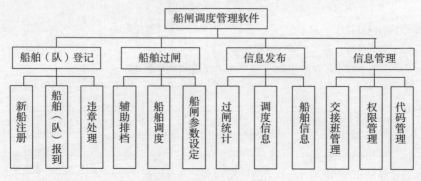

图6-19 系统功能图

(1) 船舶登记

当船舶需要过闸时,没有注册过的新船在船闸入口处需进行新船注册,录入船舶的静态信息,如长、宽、高、核载吨位、船舶类型、船舶所属单位等,注册之后再登记本次过闸信息,如实载吨位、货物类型、登记人等。船舶只需在系统内注册一次,注册过的船舶过闸无须重复注册,只需登记当次的过闸信息即可。船队登记和船舶登记类似,只是登记的信息上有所不同。

前期已建设的船闸调度系统采用的是人工登记的方式,效率较低,新的管理调度系统设计为 IC 卡登记方式,对于未办理 IC 卡的船舶仍保留人工登记途经,有效地提高了船闸整体运行的效率。大多数船舶信息可以从船舶管理处获得,因此系统设计时留有批量导入船舶信息的功能。

违章处理负责接收并存储来自广西海事局的违规船舶处理指示,检查船舶营业运输证、船舶检验证、船舶签证簿、货运单据是否齐全,是否违规,违规船舶禁止过闸。对于违规的船舶,系统提供界面录入违章行为,提交相关人员处理,并可将处理结果记录存储。违章记录未及时处理的船舶将无法过闸,直至消除记录。

(2) 船舶过闸

船舶登记后,便在靠泊区等待过闸。结合鱼梁船闸现场的实际情况和调度习惯,系统设计船舶过闸调度采用辅助排档和人工调度相结合的方式[71]。

辅助排档功能提供可视化的图形界面,如图6-20,形象生动地展示闸室内船舶位置、人字门状态、水位信息等,根据预先设定的排队和过闸规则,自动计算生成排档方案。调度人员在该排档方案的基础上,结合多年调度经验进行人工调整,最终制订和发布闸室排档计划,通知相应的闸门控制人员实施闸室灌泄水及闸门启闭,并通知现场调度人员安排船舶有序进入闸室。

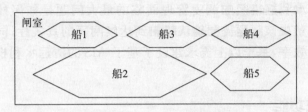

图6-20 可视化排档示意图

鱼梁船闸是单线船闸,考虑到后期多个船闸调度系统的融合,系统设计时在辅助排档功能中预留了相应接口,能够灵活方便地扩充多线船闸调度。

(3) 信息发布

信息发布功能基于B/S架构,用户通过浏览器可以及时了解船闸当前情况,包括今日船舶登记信息、待过闸船舶信息、船舶调度信息及已过闸船舶信息等。同时,系统也提供历史数据的统计查询功能,可指定起止时间及信息类别等组合条件查询历史过闸数据,生成船闸运行情况统计旬、月、年、历年报表及各班运行情况年报表等。

(4) 信息管理

通过交接班管理功能,调度员可根据当班情况,在交班前录入本班生产情况,实现船闸交接班日志管理。

权限管理功能实现用户和群组的权限管理。组织机构、人员信息直接从数据中心和主题数据库获取,这些数据可直接访问,无须下载。

代码管理负责维护系统中信息分类编码,如船舶所属单位代码、船舶类型代码、货种代码等。

6.5 广东清远水利枢纽船闸调度系统

6.5.1 建设背景

清远水利枢纽位于广东北江干线的清远市石角镇附近,是一宗大型多功能水利枢纽工程,其中船闸室长180 m,宽23 m,可满足2 000 t级船舶通航要求。

自清远水利枢纽建成后,北江清远段航道由五级提升为三级,成为大宗货物运输依赖型产业快速发展的有力支撑[72]。近年来,北江船舶流量快速增长,已经出现船舶过闸严重拥堵的问题。清远水利枢纽管理部门一直致力于规范船舶过闸秩序,曾投入大量的管理资源,也尝试过其他一些人工现场核验方法,但效果并不理想。

目前清远水利枢纽船舶调度管理面临的最大问题是如何杜绝提前报闸和顶包过闸。解决该问题需要确认船舶到达候闸区的真实性,同时也需要提高船闸的运行效率,基于以上需求建设了基于 AIS 的清远水利枢纽船闸调度系统。

6.5.2 系统功能

AIS 在海事监管领域比雷达使用更为广泛,能独立运行识别船舶。近年来,海事 AIS 岸基覆盖能力大大提升,300 t 级以上的船舶均强制装配 AIS,南海海区 AIS 日常开机总数超过 1.7 万艘。依托全面覆盖的 AIS 岸基信号,通过长距离持续监控技术,可以准确识别船舶到闸情况,不需要增加船舶经济负担,在消除船舶提前报闸的同时也消除船舶顶包的可能性。考虑到 AIS 到闸识别具有更佳的成本优势和识别维度,并可推进船载 AIS 使用规范化,与海事监管取得共赢,因此在建设清远水利枢纽船闸调度系统过程中,提出基于 AIS 的船闸调度管理关键技术。系统实现主要功能如下:

1) 过闸资格管理

规范船闸通航秩序的第一要务是建立船舶过闸资格制度,并非所有在候闸区有 AIS 信号的船舶都具有过闸资格。船舶获得过闸资格需具备 3 个条件:

(1) 报闸船舶当前位置处于候闸区内。

(2) 船舶自上次离开候闸区到再次回到候闸区期间内,在任一港口码头有到港记录。

(3) 船舶在到达候闸区前依次穿越 5 条报告线中的 3 条或以上。

上述 3 个自动识别条件避免单点判断存在的漏洞:第一个条件要求船舶 AIS 信号存在于候闸区;第二个条件确保船舶完成上一次过闸后的运输任务,并非过闸后一直在候闸区停留;第三个条件通过较长距离的航行行为跟踪识别使 AIS 造假行为具有较高的成本和更高的技术门槛。3 个自动识别条件从更长距离和时间进行到闸判断,具有较高的准确度。

2) 基于候闸区记录的报闸管理

AIS 船舶到达候闸区,系统会自动生成候闸区记录。过闸资格是船舶候闸区记录的一个属性参数,候闸区记录一旦生成,过闸资格只有在船舶过闸之后才会被取消。船舶报闸记录只会与该船最近一次没有离开的候闸区记录进行关联,允许多个报闸记录关联到同一个候闸区记录,但只有一个报闸记录可以进入候闸状态,未进入候闸状态的其他报闸记录全部失效,且被系统逻辑删除,已候闸的报闸记录所关联的候闸区记录不再接受新的报闸记录关联。不限次数报闸的开放策略能较好地解决恶意报闸阻塞真正报闸的问题。

基于候闸区记录的报闸管理,使得报闸记录具备坚固稳定的过闸资格基础。每个进入候闸状态的报闸记录都可以追溯对应的候闸区记录,而候闸区记录的过闸资格属性也可以追溯到船舶的历史航行行为。基于候闸区记录的报闸管理使不管船舶是否装备 AIS 均可遵从统一的报闸流程。对于无 AIS 的船舶,可以人工录入船舶候闸区记录,人工录入候闸区记录意味着认可该船具备过闸资格。报闸管理还设计同向相斥的报闸限制条件,对于连续同向报闸的第二次报闸记录,永远不能进入候闸状态。由于报闸需要提供详细的船舶资料,通过同向相斥的机制,使得被顶包船舶无法过闸,从而有效打击顶包过闸行为。

3) 绑定 AIS 的预报闸应用 App

船舶可以使用配套提供的"启航者"App 预报闸(见图 6-21)。在 App 上设置账户绑定船舶 AIS 的水上移动通信业务标识码(MMSI)后,App 即可对绑定船舶进行预报闸。

通过 App 报闸后,即可获得实时信息服务:可随时随地查询本船候闸排队情况,也可查看上下游其他所有船舶的候闸信息;能即时获取船闸调度部门发送的 App 通知公告信息;在制订进闸计划后,推送入闸指引示意图信息至相关船舶 App 中,指引船舶按序入闸。

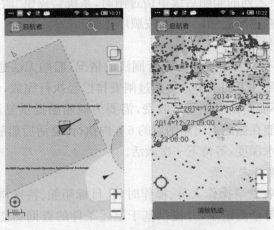

图 6-21 "启航者"App 界面

4) 特殊调度操作和日志记录

针对特殊情况,该系统提供特殊调度操作的处理功能。为防止出现滥用或违规进行的特殊操作,系统建立可追溯的日志管理体系。其主要包括以下类型:

(1) 无 AIS 船舶的特殊处理

对于非强制安装 AIS 的小型船舶或 AIS 船载设备临时出现故障的船舶,系统设计由收费亭操作员人工添加候闸区记录,并在此基础上完成候闸确认操作,实现无 AIS 船舶候闸。

(2) 人工报闸错误修正

由于报闸操作、过闸调度等人工操作环节可能出现失误,因此系统提供对失误操作的纠正功能。拥有船闸管理员权限的用户可以对没有进入安排计划状态的报闸记录进行修正或者完全删除,其中修正仅限于修改船舶的过闸方向。

(3) 船舶优先排闸操作

当船闸调度中控室接收到优先船名单后,在系统候闸列表中设置指定船舶为优先。优先船舶排在候闸列表的最顶部,脱离时间的约束,在自动排闸中优先将排在候闸列表顶部的优先船排入计划中,从而实现统一模式的自动排闸处理。

(4) 挂起和激活操作

由于存在个别船舶报闸后告知船闸部门暂不过闸,隔段时间后又重新申报过闸的情况,按照政策不能对该类情况船舶重新收费,对此系统为申请暂不过闸的船舶提供"挂起操作",挂起后船舶在安排候选列表中移除,不能被安排过闸;在"挂起操作"之列的船舶后续申请过闸时,系统会提供"激活操作",激活后船舶会重新出现在过闸船舶记录中,按顺序排闸。

(5) 复活操作

在枯水季节有时会出现船舶下行搁浅的情况,船舶无法通过下游引航道,需要重新返回船闸并返回上游。虽然过闸安排已经执行完成,但实际船舶没有完成过闸,因此不能向该船舶重复收费,需要为该船舶提供复活的特殊调度操作。复活操作只能在船舶退出船闸后的 6 h 内执行,复活后船舶被重新挂起,并允许修改船舶吃水深度,等待下一次激活。

(6) 特殊调度日志记录

对中控室和收费亭操作人员、操作时间、目标船舶、特殊调度操作类型、操作前后数据状态等全面记录,并提供基于上述条件的查询功能,实现特殊操作完全可追溯,从内部督促船闸调度管理按章守法、公平公正运行。

5）自动排闸

该系统实现自动排闸功能。由于船闸通航能力有限，船舶候闸时间较长，船舶对过闸次序较为敏感，因此首先按照船舶候闸次序安排船舶进闸，当前面安排船舶剩余位置不足时可考虑候闸号稍靠后的较小船舶进闸，实现次序优先、兼顾效率的船闸调度模式。

当船舶宽度不大时，船闸可允许两排船舶进闸；当船舶较宽时，仅安排单排船舶过闸。

自动排闸算法必须适应各种船舶大小不同的组合情况，设计自动排闸算法如下：

假设 A、B、C、D、E、F 船等为依次排列的候闸船舶。第一步，按照船舶候闸次序，从船闸室左侧开始安排：先计算 A 船长＋B 船长＋纵向空隙是否大于船闸室长度，若大于则只选择 A 船进闸，若小于则继续计算 A 船长＋B 船长＋C 船长＋纵向空隙是否大于船闸室长度，若大于则选择 A 和 B 船进闸，若小于则又依次计算，确定左侧有哪些船。如果左侧选择 A、B、C 船等 3 艘船，若 B 船宽＜A 船宽＜C 船宽，为方便右侧船舶进闸，船闸室左侧的排列顺序为 C 船→A 船→B 船。第二步，假设左侧排列确定后，余下的剩余空间宽度从小到大依次为 C 船剩余宽度，A 船剩余宽度，B 船剩余宽度。按照剩下的 D、E、F 船顺序判断剩余空间可否安排：首先以 D 船依次检测 C 船剩余宽度是否满足，若不能满足再检测 A 船剩余宽度、B 船剩余宽度是否满足；若 C、A、B 船剩余宽度均不能满足 D 船进闸，则对 E、F 船等再检测 C、A、B 船剩余宽度是否满足；若完成所有剩余船舶判断仍不能满足，则该轮只有 A、B、C 船安排入闸。

自动排闸的一个附加功能是自动筛除吃水深度超过下游富余水深的船舶。当船闸下游的富余水深不足时，该船会在排闸列表中被暂时隐藏，但该船实际一直参与候闸排队，只是无法被自动排闸选中。当下游水位充足时，该船会按原有次序重新出现在排闸列表中，可被自动排闸选中入闸。只要报闸记录中船舶吃水深度能够如实填报，可以在很大程度上避免船舶下行搁浅的情况发生。

6）顶包过闸自动识别

船舶顶包过闸是严重扰乱过闸秩序的违章行为，一旦发现将受到船闸管理部门和海事部门的严厉处罚。该系统提供对顶包过闸行为的辅助识别功能，用于打击船舶顶包过闸行为。

方法一：自动识别进闸 AIS 船舶，并与过闸计划进行自动比对。当某艘 AIS 船舶进闸但未在过闸计划中安排时，系统便会立刻识别该船为未安排进闸状态，提醒调度员注意对船舶真实身份进行确认。

方法二：在正常情况下，当按照安排计划过闸的 AIS 船舶进闸后，在安排计划中相应船舶过闸状态将会自动变为"已进船闸"；若已有计划安排相应数量 AIS 船舶进闸，但安排计划中船舶过闸状态仍存在"未进船闸"，则可能真正安排的船舶未进船闸，存在船舶顶包的嫌疑。

方法三：人工方式核对进闸船舶。在海图上对进闸 AIS 船舶名称与安排计划进行核对，如果进闸船舶与安排计划不一致，就能基本确认为顶包船舶。顶包过闸船舶可能关闭 AIS，调度员可以针对关闭 AIS 的进闸船舶，调用视频摄像头进行核对。

顶包船舶可能将本船 AIS 静态信息修改为被顶包船舶，并将本船舶船牌更换为被顶包船舶船牌，被顶包船舶配合关闭 AIS，这种情况具有较大的迷惑性。由于调度员不可能对每艘船进行核对，因此在报闸阶段的严格审核更为有效。

7) 行政监管的信息共享

海事部门可以实时掌握上下游候闸船舶的数量，一旦出现大量船舶滞留的情况，可及时做出应急处置；系统自动预估并在电子海图上标记当日和次日将要过闸的船舶目标，候闸次序靠后船舶应停泊在船闸较远的地方；船舶过闸调度安排记录中准确反映北江清远段的船舶通航和货物运输的情况，可作为政府主管部门掌握北江干线航运情况的重要数据来源。

6.5.3 系统特色

清远水利枢纽船闸调度管理系统是利用海事岸基 AIS 拓展应用直接服务社会民生和航运经济的典型事例，在不增加船载设备的前提下，利用 AIS 物联网思维实现船闸调度关键技术的创新。

(1) 基于 AIS 的深化应用，对报闸船舶实现全航程行为识别，创新应用科学可行、经济高效的船闸调度关键技术，在对船舶无任何新增设备要求的情况下，又好又快地实现船舶到闸识别管理。

(2) 自动化过闸资格控制有力规范过闸秩序，有效打击违规报闸的嚣张气焰，保障遵章守规船舶的合理权益。自动化排闸快速准确，完全节省人工排闸的耗时，加快船舶调度效率，也保证调度管理的公平公正性。该系统运行后显著缩短船舶过闸时间，高峰期内大船通常 5~8 日内可过闸，小船通常当日或次日可过闸。

(3) App 报闸服务为船舶节省大量成本。App 通知推送和候闸次序查询使得船员可随时获知本船候闸情况，方便合理安排生产计划，提高运输效益；App 进闸示意图使船舶互相配合有序进闸，提高过闸效率；App 候闸信息公开，可监督调度的公平公正运行。

（4）利用 AIS 信号使得船舶过闸更加顺利，促使北江乃至广东内河航行船载 AIS 运行质量快速提升，使 AIS 船载设备从摆设变成具有重要价值的导航工具。

（5）清远水利枢纽扼守北江航运咽喉，海事部门通过船闸调度管理的信息共享，可准确了解到辖区船舶通航概况，使清远水利枢纽船闸成为有力的水上交通管控工具。

第 7 章 智慧安全案例

7.1 江苏高港船闸船舶超高检测系统

7.1.1 建设背景

随着船舶大型化发展和船舶空载上行情况的增加,船舶对船闸上跨设施撞击的风险日趋增加,给高港船闸(详见 5.1.1 智慧内控案例背景)的安全运行带来较大的挑战[73]。为了保障通航安全,避免空载船舶撞击船闸上跨设施的可能性,高港船闸使用船舶超高检测系统进行超高检测预警。

7.1.2 系统架构及功能

高港船闸采用激光对射技术进行船舶超高检测,该系统由激光发射机、激光接收机等构成。发射机发出激光束并被激光接收机接收,当有超过限制高度的船舶通过时激光束被阻断,接收机立即发出报警信号,同时启动其他报警和控制设备。

激光对射属于主动入侵探测器类。激光发射机由发射器、调制激励电源及相应的方向调整机构组成;激光接收机由激光接收器、光电信号处理器以及相应的支撑机构组成。激光发射机发射出的定向强激光束具有方向性好、频率单一、相位一致等优点,是其他光源无可比拟的,这是一个以不可见调制激光光束(单束或多束)形成警戒线,采用遮挡报警的方式对周界、平面和立体空间进行封闭布防的激光入侵方案系统。主动激光入侵探测器具有探测距离远、灵敏度高、误报率低、隐蔽性好、检修调试方便、适应各种恶劣自然气候情况等优点。

当有船舶高度超过预先设定的限制高度时,该系统会立即发出指令进行声光报警。如果超高船舶继续前进,系统将会对该船舶进行抓拍或录像。

综上所述,该系统具备以下功能:

(1)精准检测。利用激光对射检测船舶超高。

(2)超高报警。通过声光报警的手段及时通知船闸工作人员和船员。

(3) 超高抓拍。在报警的同时,该系统还会对超高船舶进行抓拍,以方便调查取证。

超高检测系统服务器及超高检测系统检测设备示意图见图 7-1 和图 7-2。

图 7-1 超高检测系统服务器

图 7-2 超高检测系统检测设备

7.1.3 系统特色

该系统在实现上述功能的基础上,还具有以下特点:

(1) 误报率低、适应性强

该系统中超高检测设备通过独立编码、延迟算法优化以及强光抑制等技术手段避免飞鸟、强光等带来的干扰,有效降低误报率,提高环境适应性。

(2) 适应船闸涨水,提前预警

针对部分船闸的上跨设施位于闸室内部的情况,该系统通过对闸室水位高度的获取,自动调节超高检测高度,对因涨水导致的船舶超高的情况进行预警。

7.2 江苏宿迁船闸视频与控制联动系统

7.2.1 建设背景

宿迁船闸安装有大量的监控摄像头,放闸人员可通过视频监控画面判断放闸环境是否安全。目前船闸以矩形排列的方式将多个摄像头的画面集中显示在同一监视器上,供放闸人员监控船闸运行情况。整个放闸过程包括 8 个步骤(开上游阀门,开上游闸门,关上游阀门,关上游闸门,开下游阀门,开下游闸门,关下游阀门,关下游闸门),各个步骤中需要重点关注的视频画面均不相同,放闸人员每进行一个放闸步骤就需要从众多画面中将重点关注的画面挑选出来查看，如图7-3所示，以保障放闸安全。这种不断地"找画面"和"盯画面"的行为容易导致视觉疲劳和操作失误，从而给船闸运行带来安全隐患。

图7-3 船闸监控画面

7.2.2 系统架构及功能

图7-4为视频与控制联动系统技术架构图，左侧为现有的船闸控制系统和视频监控系统，右侧为该系统的6个子模块。系统通过Modbus通信单元连接船闸可编程逻辑控制器(Programmable Logic Controller, PLC)控制系统，以获取当前运行步骤(通过TCP/IP协议)，并将步骤信息显示于显示单元。联动系统根据预定的切换策略，控制视频采集单元(使用ONVIF协议获取视频流)，输出相应画面。该系统采用C/S架构，运行于Windows平台。

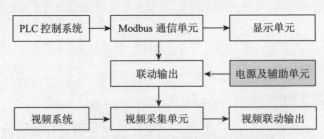

图7-4 视频与控制联动系统技术架构图

基于上述的技术设计原理，研发了船闸视频与控制联动系统，该系统分为联动服务器、视频显示软件两部分。

系统通过联动服务器获取当前船闸工作状态，联动服务器有独立的处理器，能够通过控制器局域网络(Controller Area Network, CAN)总线，共享船闸

PLC 控制系统的操作数据,而不影响船闸的正常运行。通过分析总线数据包和预设的参数,处理器智能识别当前操作步骤信息,并通过 TCP/IP 协议与视频监控系统通信,进行视频画面调取操作。

系统视频显示软件可根据船闸需要对视频画面进行定制性配置。该软件在接收到联动服务器发来的动作点信号后,进行船闸运行步骤切换、监控画面切换等操作,避免了人工干预。软件同时获取船闸多路监控视频流,以 6 宫格的方式显示于界面上(见图 7-5 和图 7-6)。船闸工作人员可以进行软件的操作使用,例如自主切换视频画面、放大任意一路视频画面。

综上所述,该系统实现了以下功能:

(1) 通过接入 PLC 控制系统,获取当前放闸步骤,自动筛选出本步骤所需重点关注的画面[74]。

(2) 在已筛选出的画面下方以文字形式给出操作人员应注意事项。

图 7-5 关上游闸门时需重点关注的画面

图 7-6 开下游阀门时需重点关注的画面

7.2.3 系统特色

系统在实现上述功能的基础上,还具有以下特点:

(1) 安全性能高

该系统通过联动服务器(图7-7)对接控制系统,仅获取船闸运行时开关上下游闸门、上下游阀门8个步骤的信息,不会更改控制系统的任何命令参数。

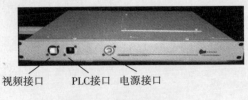

图7-7 联动服务器

(2) 可定制性强

根据船闸运行情况,实现视频画面的可配置(画面大小,画面个数)和软件界面的修改(报警优先级设定,报警画面位置,报警对应画面)。

(3) 可扩展性强

该系统预留数据接口,可实现与其他系统的数据对接。

7.3 江苏淮安船闸船舶超闸室安全警戒线报警系统

7.3.1 建设背景

淮安船闸闸室上下游内侧在离闸门5 m处设置一条安全警戒线(简称"警戒线"),如图7-8所示,设定警戒线的目的为:① 防止船舶距离闸门过近,水流波动较大时撞击闸门;② 防止船舶在泄水时搁浅闸台。

警戒线可以起到提示、警醒船舶的作用,但仍然存在以下不足:① 警戒线仅以界限灯和标识线作为警戒标识,不够醒目,船员易忽视。② 在雨雾等恶劣天气下,船员和船闸工作人员均不易

图7-8 闸室内安全警戒线

确定船舶是否超线,双方易产生争议[75]。因此淮安船闸采用船舶超闸室安全警戒线报警系统,解决目前存在的船舶是否超越安全警戒线判定不明确的问题。

7.3.2　系统架构及功能

系统采用的设备包括若干个近红外激光发射器和2个专用红外摄像机,安装时,前者应均匀分布(如图7-9所示),后者可视角应能够覆盖整个检测区域。

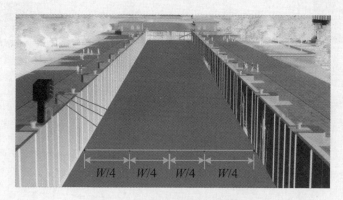

图7-9　激光发射器分布示意图

本系统核心技术是根据激光照射在液体和固体的不同来检测船舶是否超越警戒线。现将原理简介如下:

近红外摄像机内置窄带数字滤波器硬件,该器件位于CMOS元器件之前,通过大幅衰减偏离激光中心频率一定范围的电磁波,从而实现滤除强光干扰、图像亮度归一化到量化阈值范围内的功能。

CMOS元器件成像后,使用软件数字滤波手段滤除画面噪点。随后计算白平衡,根据预设的参数确定二值化图像所需要的灰度阈值并将图像二值化,随后,自动判别、统计二值画面中的光斑数目。

根据光斑数目,判断区域内的漂浮物是否存在及其类型等。无漂浮物时,由于水体的折射和吸收,只在特定方向上才有一定强度的反射光线;有漂浮物时,则无折射,只有漫反射。此时红外专用摄像头可接收一定强度的反射光线。

系统硬件架构如图7-10所示。该系统替代现有人工观察的方法,对船闸的安全运行起到辅助作用。此外,该系统还可以应用于航道边缘检测、航道船舶位置检测、桥梁桥墩保护等领域,对船舶可能产生的危险行为进行预警。

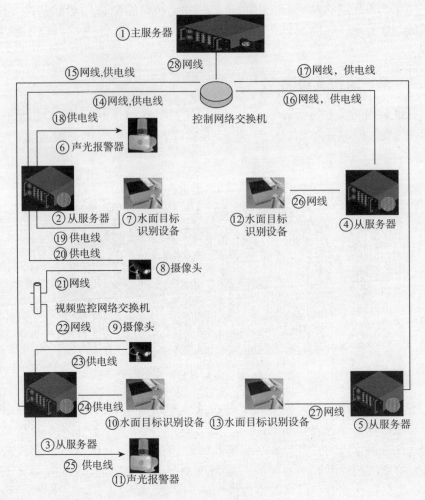

图 7-10 系统硬件架构

该系统实现了如下功能:
(1) 与控制系统联动

通过连接船闸 PLC 数据,获取闸门开关状态。

(2) 检测船舶是否超线

该系统可精准、稳健地(不受涨落水、强光、恶劣天气的影响)检测出船舶是否超过安全警戒线,超警戒线报警系统硬件设备见图 7-11。

(3) 超线报警

在闸门关闭时,若检测到有船舶越线,则发出报警。报警方式为现场声光报警、软件提示等,通知船闸工作人员和船员。

(4) 超线抓拍

在超线报警的同时,该系统还会对超线船舶进行抓拍,以方便调查取证。

 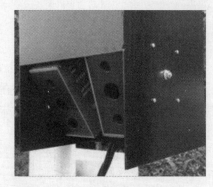

(a) 所有设备　　　　　　　　　(b) 激光设备

图 7-11　超警戒线报警系统硬件设备

7.3.3　系统特色

该系统在实现上述功能的基础上,还具有以下特点:

(1) 水面目标识别技术为国内外首创,采用的激光与视频融合检测技术能够在阳光高强反射情况和雨雾等恶劣天气下精准识别水面船舶,填补了该领域的技术空白。

(2) 可定制性强,各船闸可以根据自身需求自行设置在开关闸门时是否进行超线检测,以适应不同的放闸流程。

7.4　三峡船闸安全监测自动化系统

7.4.1　系统背景

三峡五级船闸是世界上规模最大,水头和技术难度最高的船闸。船闸在岩石山体里面开挖兴建三峡的船闸基础条件很好,为了充分利用岩石的优良条件,节省工程量,结构采用了薄衬砌的闸室、闸首和输水隧洞。在两线船闸中间保留了岩体隔墩,要求混凝土结构与岩石共同承受荷载。除此之外,三峡船闸运行工况复杂,如何保证对船闸实施有效监控,以及船闸的安全监测、消防等技术难题亟待解决,因此建设一套可靠、数据及时采集的安全监测自动化系统尤为重要。三峡船闸安全监测自动化系统是三峡水利枢纽的 5 个安全监测自动化子系统之一。共约 468 个测点纳入该系统,其中 183 个内观测点需要接入系统,需要新安装传感器并接入系统的测点有151个,还有早期134个已接入26台数据采集单元(Data Acquisition Unit,DAU)的外观测点。该系统采用DAMS-Ⅳ型安全监测自动化系统作为平台进行系统建设[76]。

7.4.2 系统架构及功能

整个三峡坝区安全监测自动化系统分为监测中心至数据采集站层和数据采集站至DAU层[77]。采集站与相关的DAU组成相互独立的网络系统。监测中心与船闸数据采集站(MS1)和其他未来建设的数据采集站[包括左岸厂房及大坝采集站(MS2)、右岸厂房及大坝(含泄洪坝段、右岸地下电站、茅坪溪防护坝)采集站(MS3)、激光准直变形自动测量系统(MS4)、高边坡表面变形自动测量系统(MS5)]进行网络互联,形成覆盖整个三峡坝区的安全监测自动化网络系统。在船闸安全监测子系统中新增DAU2000系列DAU,以及早期安装的3种类型的DAU各自组成一个现场监测网络系统,在船闸二号闸首管理楼二楼通信室为各现场监测网络系统设一台通信前置机进行数据采集[78]。通过数据通信与导入软件,将原来系统和新建系统的数据导入到数据库服务器中,实现数据汇总和统一管理。该系统网络结构的设计充分考虑了后期系统的接入方式和网络的连接方式,易于网络的扩展。可集成后期真空激光准直监测系统,可与三峡—葛洲坝水情测报系统进行信息交换,可为安全评判决策支持系统提供信息。系统结构如图7-12所示。

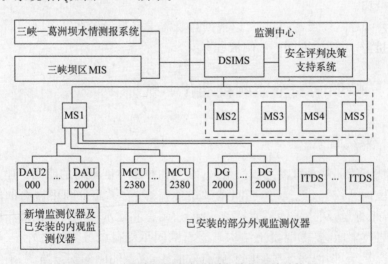

图7-12 三峡船闸安全监测自动化系统结构图

注:虚线框内的部分不在本系统建设范围内。

该系统建设包含了监测中心建设、MS1 建设、三峡船闸内各 DAU 测站建设、早期已安装 DAU 的集成以及相关仪器安装、接入等工作。监测中心设备包含 2 套网络通信设备、1 套工程师工作站、2 套数据库服务器、1 套共享磁盘阵列、1 台 Web 服务器、1 台通信服务器、1 套大屏幕演示系统及其操纵台、4 套数据输入输出设备以及 1 套电源设备等。同时，监测中心配置 1 套大坝安全监测信息管理系统(Dam Safety Information Management System，DSIMS)和 Oracle 数据库。MS1 设备包括 4 台通信前置机(数据采集计算机)、1 套数据库服务器、2 套网络通信设备、4 套数据采集光纤通信设备等。该系统的 DAU 测站共计 26 个，包括 33 台新增 DAU(DAU2000 系列)和早期已安装的 26 台 DAU。接入该系统的测点共 483 个，包括 52 支测缝计、55 支渗压计、22 台锚索测力计、41 支应变计、9 支位移计、10 台量水堰、135 台引张线仪、106 台垂线坐标仪、4 台伸缩仪、33 台静力水准仪、1 套双金属标等。其中纳入新增 33 台 DAU(DAU2000 系列)的测点有 334 个，已接入前期安装的 3 个厂家的共 26 台 DAU 的测点有 134 个。

三峡船闸安全监测自动化系统具有中央控制方式和自动控制方式，各 DAU 测站的数据采集装置可被动进行巡测、单点测量或自动按设定时间进行巡测、存储，并将所测数据送到 MS1 的通信前置计算机并存入数据库，且 DAU 具有定时自动测量、巡测、选测、单点复测以及自检功能。该系统的数据库具有海量数据存储和热备份功能，人工观测数据和历史测量数据录入、查询、使用数据(输出图形、报表等)等性能满足三峡工程监测近百年的数据量。此外，系统包含大屏幕演示功能，显示安全监测系统运行状况、监测图表、专家会商及各种相关信息。

7.4.3 系统特色

三峡船闸安全监测自动化系统具有兼容性好、扩展能力强的分布式结构和开放性体系结构。其中分布式结构采用 DAU2000 系列 DAU 高集成度智能模块化结构，数据采集智能模块、通信模块和电源模块各数据采集智能模块分部独立运行，任意组合，一台 DAU 可接入多种不同类型的仪器。开放式体系结构采用支持多种数据库的 DAMS-Ⅳ平台可与各局域网和广域网互联；DAU 之间及 DAU 与监控主机之间的现场网络通信为标准 RS-485 或 CANBus，支持屏蔽双绞线、光纤、无线和公共交换电话网等通信媒介，系统功能扩充方便。

第8章 智慧稽查案例

8.1 江苏高港船闸智慧稽查系统

8.1.1 建设背景

高港船闸已部署了视频监控系统,这套系统可监视船闸的重要工程区域,监督工作人员为船员服务的现场,同时作为管理所稽查证据的重要依据。但稽查人员在工作过程中发现,在稽查历史过闸船舶时,仅依靠视频监控仍存在以下不便之处:

(1) 需要在视频录像里查找特定船舶时,由于视频量巨大,人工查找视频费时费力。

(2) 录像保存时间短。高清视频的分辨率至少为 1 280×720(720P),2 路时长为 24 h,以 H264 编码的 720P 视频信号一般需要 50G 存储空间。受磁盘阵列的存储容量限制,目前监控系统采用循环写入的方法保存录像,一般录像数据只保存 15 天左右。而在稽查过程中,经常需要查看更长时间的录像数据。

(3) 即使找到了特定时间段的录像,由于相机可视角和球机转角问题,经常无法拍摄到船身上的船名;或者即使拍摄到了,由于存在炫光、拖影等问题,在视频里也无法看清。无法确定船舶身份,给稽查工作带来了一定的难度。

(4) 目前需人工统计每个闸次出闸船舶数、进闸船舶数,并与收费系统调度数量比对,防止有船舶未缴费过闸。该工作颇耗人力。

(5) 为防止"大船小簿"的现象发生,复核过闸船舶尺寸仍需逐一登船丈量,工作量巨大。

另外高港船闸处于长江口岸,船舶日通过量较大,船舶过闸通常需要排队等候,最高峰时,上下游积压船舶多达上千艘,船舶过一次闸需要等近 20 天。高港船闸的 AIS 报港系统已投入使用,该系统显著提高了报港效率,方便了船员,减轻了船闸工作人员的负担。但由于 AIS 信息易被篡改,且 AIS 发射设备也容易购买到,故部分船舶通过不法手段(如拆下 AIS 设备、另购 AIS 设备并克隆船舶信息等)将AIS设备提前拿到报港区,以达到插队的目的。同时船闸的视频监控系统尚未覆盖引江河侧的报港区(不在船闸管理所管理范围内),船舶报港时经常需要船闸工作人员到现场查看,颇为不便。

为提高稽查效率,减轻稽查人员工作量,高港船闸率先应用了智能稽查系统,该系统包括2个部分:① 在闸口部署过闸船舶抓拍系统,该系统促进了船闸稽查的自动化、精准化和智能化;② 在高港引江河侧的报港区部署报港船舶抓拍与复核系统,利用视频分析技术与AIS解析技术,判断AIS信息出现在指定地点时,所绑定船舶是否在视频上显示也在该点。该系统有效防止了提前报港,进一步保障了航道安全,规范了报港秩序。

8.1.2 系统架构及功能

1) 硬件框架

在闸门外侧(引航道侧)共布设5台摄像机,硬件框架如图8-1所示。

(1) 天桥布设1台星光枪机,负责丈量宽度。

(2) 在西侧布设1台星光枪机,负责船舶检测,布设1台高速抓拍枪机及2台红外爆闪灯,以完成船名抓拍。

(3) 在东侧布设1台全景枪机,负责抓拍船舶的全貌,布设1台高速抓拍枪机及2台红外爆闪灯,以完成船名抓拍。

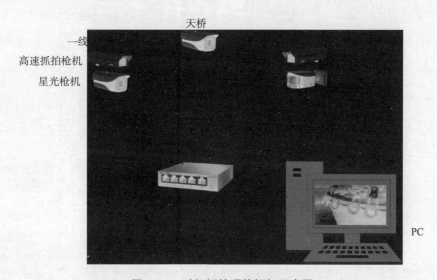

图8-1 过闸抓拍硬件框架示意图

图8-2红圈为摄像头架设位置示意。图8-3为相机现场架设图。

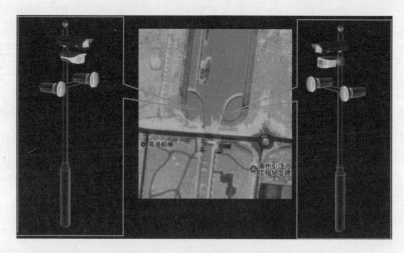

图8-2 过闸抓拍相机架设位置

图8-3 （左）一线闸上游西侧，1台星光枪机＋1台高速抓拍枪机＋2台红外爆闪灯
（右）一线闸上游东侧，1台全景枪机＋1台高速抓拍枪机＋2台红外爆闪灯

在高港引江河侧的报港区架设报港船舶抓拍与复核系统，该系统的部署要保证相机能覆盖报港区域内的船舶，且保证能将船名拍摄清楚。另外为防抓拍系统遭蓄意破坏，还需加设摄像头对抓拍系统的设备区域进行监控。硬件框架如图8-4所示。

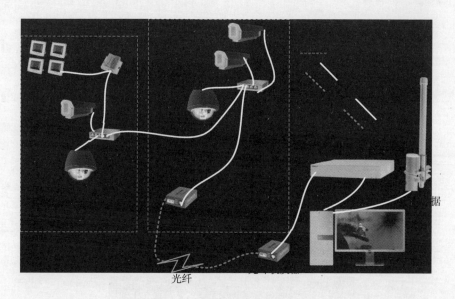

图 8-4 报港抓拍硬件框架图

各相机和闪光灯布设如图 8-5 所示。

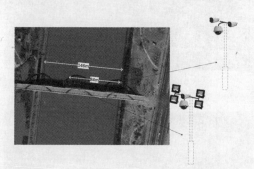

图 8-5 报港抓拍设备布设示意图

2）系统功能

（1）船舶抓拍

该系统利用视频分析技术，7×24 h 不间断地对过闸船舶进行抓拍，且为一船多照，确保抓拍到：① 船名，并保证清晰可辨；② 全貌，并保证能根据抓拍图像辨别船舶型号、吃水、货物类型。

并按地点、闸次、方向组织抓拍图片的目录，一船一个文件夹，方便查找、追溯。

图 8-6 为全景图抓拍样张。

(a) 昼间全景图

(b) 夜间全景图

图 8-6 全景图样张

图 8-7 为船舶细节图抓拍样张。

(a) 昼间细节图

(b) 夜间细节图

图 8-7 细节图样张

(2) 数量核对防漏缴费

具有自动核对过闸船舶数量功能,即自动统计每个闸次出闸船舶数、进闸船舶数,并与收费系统调度数量比对,防止有船舶未缴费过闸。

(3) 大船小簿预警

具有长宽复核功能,自动丈量船舶长宽,并接入收费调度系统,若登记尺寸与丈量尺寸出入较大,则发出报警。防止"大船小簿"的现象发生。

(4) AIS 融合

将解析出的 AIS 信息与视频分析得到的船舶进行匹配(见图 8-8)。

图 8-8　AIS 信息与视频分析信息融合

3) 前端界面

该系统的前端界面可实时观看当前船舶的长宽丈量过程以及当前船舶的照片、本闸次船舶的详情,系统前端界面如图 8-9 所示。

图 8-9　系统前端界面

4) 后台存储查询系统

后台存储查询系统根据船舶检测结果实时保存船舶信息数据,存入 SQL

Server 数据库,并可在 Web 页面上查询、查看、浏览船舶信息,如图 8-10 所示。

图 8-10　Web 查看模式

登录后看到的是当前闸次的船舶信息,点击可查看船舶详情,如图 8-11 所示。

图 8-11　当前闸次船舶详情列表

除查看当前闸次外,还可查看今日船舶,以及历史船舶列表,如图 8-12 所示。

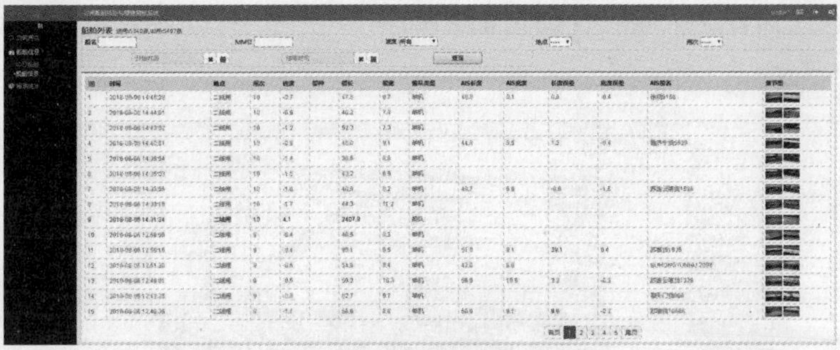

图 8-12 船舶信息列表

可以输入船名、速度、时间等条件对船舶进行筛选；可以点击查看、浏览船舶参数。如图 8-13 所示。

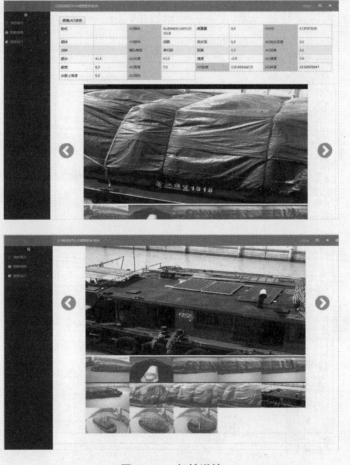

图 8-13 船舶详情

可以点击左右的箭头,浏览船舶的所有照片,双击照片可缩放显示,如图8-14所示。

图8-14 浏览船舶照片

此外还可以统计每日进、出闸的船舶数量,如图8-15所示。

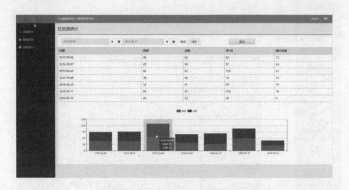

图8-15 船舶日流量统计

统计每个闸次及进、出闸的船舶数量,如图8-16所示。

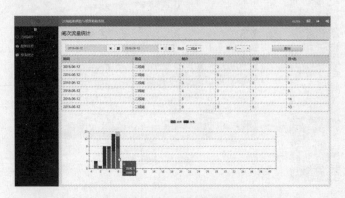

图8-16 各闸次船舶数量统计

8.1.3 系统特色

本系统的特色在于使用了多种图像识别技术,包括基于视频检测船舶,克服了夜间光线不足、水花浪涌的干扰等;基于图像分析技术估计船舶速度与尺寸,以及控制多相机联动、计算抓拍间隔与抓拍张数。本系统的创新包括以下几方面:

(1) 首次在船闸应用抓拍系统。

(2) 首次基于视频丈量船舶尺寸并用于船舶稽查复核。

(3) 首次将船舶检测与抓拍的准确率做到了98%以上。

(4) 估计船舶参数时,不使用Canny、Sobel等算法检测边缘,也不检测轮廓,使用自主研发的多点累计差定位出水平边缘和垂直边缘。

(5) 多相机协同抓拍。区别于传统的抓拍相机设置区域入侵、拌线入侵等规则触发抓拍,本系统用算法控制多个相机对同一船舶进行抓拍,且根据估计出的船长和速度自动调整抓拍间隔和抓拍张数。

(6) 结构化存储抓拍的照片,传统的抓拍照片只能用日期时间命名,本系统的抓拍照片可按时间、地点、抓拍相机名、闸次、航行方向、船长等参数对照片命名。

(7) 实现了结构化数据AIS信息与非结构化数据照片的融合。

8.2 苏北运河船舶吃水稽查系统

目前京杭运河苏北段(详见5.2.1京杭运河苏北段管理案例背景)是京杭运河可通航河段中航道等级最高、渠化条件最好、船闸设施最为完善的综合性人工航道。苏北航务管理处的主要任务包括制订船闸运行调度计划、对过往船舶进行科学合理调度、维护船舶过闸运行秩序。

8.2.1 建设背景

苏北处下辖盐邵船闸近年船舶通过量持续攀升,设计年通过量为1 000万t,而近3年船舶通过量总共已达1亿t。船闸防堵保通压力剧增,盐邵线航道等级低、自然条件差,若枯水期重载下行船舶吃水深度把握不准,极易造成搁浅堵航。

目前,盐邵船闸常用的测量船舶吃水深度的方法是用钢管自制L形工具人工钩测船舶底部,通过读取钢管上的数据了解船舶吃水深度。该方法工作量大、异常烦琐、效率低且不准确。尤其是单机船,其底部有拖泥龙筋,无法钩测,测量工作具有一定的危险。同时也容易因人工检测自由裁量权大导致行风不端问题。为了较好地解决上述问题,盐邵船闸在上游锚地安装了单波束声呐阵列自动测量过往船舶的吃水深度。

8.2.2 硬件框架

安装的单波束声呐阵列具有以下特点:

(1) 竖直安装在锚地靠船墩侧面,如图 8-17。由于锚地附近水域深度一般在 3～5 m,水面宽度超过 100 m,不具备底面和两侧安装的条件。

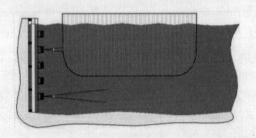

图 8-17 侧装单波束声呐

(2) 换能器间距不一样,中间小两头大。考虑到盐邵船闸下游水位常年控制范围在 2.0～3.5 m,故在这个范围内尽量减少换能器间距,两头适当增加间距,从而减少换能器的数量,节约成本。

(3) 阵列通过浮筒可以上下移动。受南水北调的影响,盐邵船闸上游(即京杭大运河)水位变化很大,一般在 3 m 左右。考虑到换能器不能长期处于水面以上,选择用浮筒控制声呐阵列的深度,同时也方便维护,浮筒控制装置如图 8-18 所示。

图 8-18 浮筒控制声呐深度

8.2.3 测量效果分析

测试时选择了11艘将过闸的船舶,分别用传统方法钩测、声呐阵列自动测量。结果见表8-1。

表8-1 声呐阵列与传统方法测量对比表

序号	船名	传统方法钩测深度/m	声呐阵列测量深度/m	误差/cm
1	安航机0588	2.7	2.62	−8
2	安航机81688	2.55	2.48	−7
3	华达6658	2.6	2.67	7
4	鲁济宁0838	2.65	2.66	1
5	顺航机6918	2.6	2.68	8
6	苏盐城货221088	2.75	2.72	−3
7	新航机055556	2.8	2.81	1
8	兴陶机58118	2.6	2.63	3
9	豫昌盛67	2.45	2.47	2
10	豫周风顺2288	2.6	2.51	−9
11	昭东机6096	2.4	2.42	2
	平均误差			−3

由表8-1可见,实际测量的误差范围在−9~8 cm之间,平均误差为−3 cm,符合精度要求。

8.3 三峡船闸过闸船舶吃水自动检测装置

8.3.1 建设背景

随着长江沿江经济和航运的快速发展,三峡船闸货运量和船舶数量不断增加,船舶大型化趋势也十分明显。受三峡、葛洲坝船闸门槛水深及引航道水深条件限制,过闸船舶超吃水对船闸及通航水域带来的安全隐患愈加明显。目前大多采用目测吃水线的方式来检测船舶吃水深度,其检测方式存在一定弊端:一是无法做到悉数检测,不能全面有效覆盖;二是只能在靠岸或锚泊时进行,影响工作效率;三是受天气情况及水面波动的影响,存在一定误差。

8.3.2 硬件设计

基于各类检测装置的精度和稳定性考虑,三峡水域船舶吃水自动检测装置采用超声波作为传感器,使用单波束阵列检测技术方案,由众多超声波传感器组成单波束阵列,图8-19为单波束传感器。

单波束阵列检测装置的安装需考虑如下三个因素:实现对航道断面船舶的全覆盖;易于安装、调试和维护;取电取网方便。综合对以上三方面的考量,单波束阵列检测装置安装在三峡船闸南线一闸首前端,该处为所有下行过闸船舶的必经之路,是航道管理的重点区域。

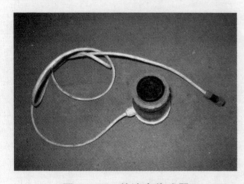 

图8-19 单波束传感器　　　　　图8-20 检测支架

根据超声波的检测原理,单波束超声波传感器需按顺序排列安装于水下检测支架上,为确保系统精度安装支架需稳定可靠,为确保系统能针对不同的水位和船舶载重情况调整安装高度,需配备一套支架拖动控制系统。检测支架采用桁架结构,横跨闸首长36 m(图8-20)。支架全部由钢管焊接、分段密封,具有足够的强度和刚度,既可在水中提供较大浮力,减少结构挠度,最大程度减少泥沙淤积的影响。检测支架通过卷扬拖动系统吊放升降,拖动系统采用PLC作为主控制器,由三相交流异步电机及变频调速控制器组成驱动模块,辅以信息检测模块、显示模块、操作模块和数据传输模块等组成拖动控制系统。该拖动控制系统能实现支架的升降和调偏,能针对水位的频繁变动实时升降位置,实时适应水位使检测装置处于适合的检测位置,保证船舶吃水自动检测。

8.3.3 信息采集及传输的方式选择

单波束阵列检测方案采用基于时分复用和空分复用机理的多组分时采集的方法,保证单个超声波传感器互不干扰,实现信息正常采集。该方法将所有传感器与控制前端直连,不同传感器的数据传输方式均通过数据总线转换模块进行转换,采用总线传输的方式连接嵌入式工业计算机。

8.3.4 数据处理软件开发

吃水自动检测装置获取的数据可通过后台数据处理软件直观展示,该软件通过接口实时获取船舶吃水数据,通过后台分析、建模和统计等方法,以二维图形、三维图形(图8-21)、数据列表等直观的方式显示船底轮廓或数据(图8-22)。

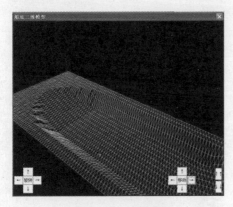

图 8-21 三维图形

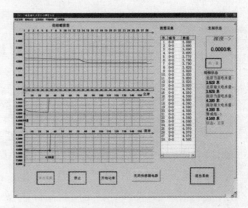

图 8-22 显示界面

8.3.5 系统存在的局限性及对策

(1) 检测设备机动性差

单波束阵列检测装置只能相对固定安装,需针对不同水域环境定制支架及拖动控制系统,难以实现水平移动检测的功能。进一步深入研究多波束侧向扫描技术方案是解决这一问题的可能途径。

(2) 超声波检测技术局限

对航行中船舶进行动态检测时,船舶螺旋桨敲水产生的紊流和气泡会对检测造成干扰,这是超声波检测技术自身局限性带来的问题。实船测试中证实,当船艉通过检测支架上方时会出现大量噪声数据,对船艉部位实际吃水的检测精度影响较大,因此实际应用中需辅以管理措施,即对特定类型的船舶应在其检测吃水数据的基础上另加 0.3~0.5 m 的安全余量。

(3) 工程化成本较高

该方案在三峡船闸实施时总投资约 4 700 万元,且针对不同水域环境和安装地点可能会涉及施工问题,可能因此增加工程设计成本和施工成本,这对于一般的船闸、控制性航道和港口而言,成本极高。实际应用中,该方案仅适用于需严格控制船舶吃水的重点水域。

第 9 章 智慧养护案例

9.1 江苏高港船闸二维码巡检系统

9.1.1 系统概述

为掌握工程设备的状态,除了通过自动化系统掌握工程设备的参数,通过视频监视系统观察工程状况外,还采用一些状态监测的元器件进行监测和报警。当然,所有方式中,最直观、最有效的还是现场巡视,现场巡视按照计划路线,执行相关的管理要求,并在预设的巡视记录表上填写记录,但该方式存在一些不足[79]:一是人工记录费时费力,个别工作人员责任心不强则会出现少检或漏检现象;二是巡检数据纸质记录,不易保存和查找,巡检数据无法得到有效汇聚和利用。高港船闸采用二维码巡检系统巡检维护设备,科学管理设备、资产,有效杜绝了巡检人员少检、漏检的问题,实现对巡检数据进行统计分析和运用,如图 9-1 所示。

图 9-1 二维码巡检系统

9.1.2 系统功能

(1)设备信息数据化——扫描二维码即可查看设备信息

在管理系统的后台,可以为各类设备创建二维码,且支持批量生成。二维码中包含设备的各类参数信息,扫描二维码便能获取设备的这些信息。另外,具有权限的用户可以查看或者添加设备维护记录。

(2) 巡检记录数据化——手机扫描代替传统纸质记录,随时可添加或者查看设备维护记录

用手机扫描代替传统的纸质记录或者台账系统,系统采用 OpenID 作为用户的数字身份标识,在后台绑定巡检员的微信 OpenID,授予相应的巡检权限,便可以查看或者添加巡检维护记录。用微信扫描的方式进行设备维护管理,巧妙地解决识别终端的问题。因为目前微信的普及程度非常高,对硬件设备的要求不高,也无部署或者操作的学习成本。

(3) 设备信息在线监控——通过手机可以随时查看设备状态、维护情况等

系统可以通过企业码将所有设备对应的维护信息关联起来,巡检员可以通过收藏的企业码快速查看管理整个船闸的巡检、维护、运行情况。部门领导或者主管可以通过监管二维码实时查看所有设备的运行状态、维护情况等。

(4) 在场核查——人员定位+水印照片,确保真实记录设备状态和相关数据

在系统的维护模块中,可以设置定位字段和水印拍照,以确保添加的维护记录真实有效。当巡检员添加维护记录时,系统会自动定位巡检员的位置。另外,上传的照片必须是现场拍摄的且带有水印,以保证巡检员确实在巡检现场。

(5) 数据查看、导出与统计分析

可以方便地查看维护记录,例如通过字段筛选查找满足条件的维护记录,还可以将维护数据导出为 Excel 数据表格形式。系统还具备对巡检数据、设备运行数据进行统计分析的功能。

(6) 数据共享,方便协作

可通过设定分组权限,将同级单位纳入系统中,分配子权限,这样多个单位便可协同维护设备、资产,达到降低沟通成本、信息共享的目的。

(7) 权限设定灵活——确保设备维护数据安全

可以根据数据内容设置不同的查看权限。在领导或者访客参观的时候,可以展示各类设备的参数信息,演示巡检成果,同时保障数据安全。

9.2 江苏徐州市船闸运行养护管理信息系统

2010年,江苏省徐州市航道管理处和沙集船闸管理所工作人员研究开发了船闸运行养护管理信息系统(见图9-2),该系统于2010年7月在沙集船闸率先上线试运行,并逐步在刘集船闸、蔺家坝船闸推广使用,取得了良好效果[80]。

船闸运行养护管理信息系统架构流程图见图9-3。

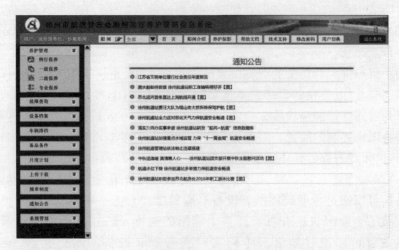

图 9-2 徐州市船闸运行养护管理信息系统

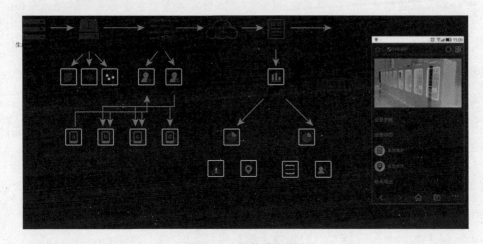

图 9-3 架构流程图

9.2.1 系统概述

该系统的部署实施为徐州市船闸运行养护数字化提供了技术保障。系统实时记录船闸运行养护的各项工作进度,在系统上可查看各个船闸的保养情况(例行保养、一级保养、二级保养、专业保养),了解设备设施运行状态,查询设备档案以及备品备件库存情况等。该系统提高了养护工作效率,提升了船闸运行养护技术水平。

船闸运行养护管理信息系统由江苏省航道局中心数据库服务器、各级终端计算机及相关网络设备组成。系统采用 Window2003 Server 平台，SQL Server2000 数据库管理数据资源，编程语言采用 C# dot net frame-work2.0，软件体系结构采用 B/S(Browse/Server)模式。客户端通过 IE 浏览器登录系统，经服务器验证后即可访问服务端的数据库。

9.2.2 系统组成

依据《江苏省船闸管理实施细则》及《徐州市航道处船闸运行养护管理实施细则》中对船闸运行养护工作的要求和标准，该系统涵盖了船闸运行养护工作的各个要点。以设备设施巡查保养为重点，设置功能菜单栏"养护管理""故障查询""设备档案""车辆排档""备品备件""月度计划""上传下载""规章制度""通知公告"和"系统设置"共 10 大项 29 小项，辅以船闸介绍、养护掠影、帮助文档、技术支持等快捷功能。操作者可以通过选择界面左侧的功能菜单栏，在右侧窗口做相应的功能处理。主要功能模块如图 9-4。

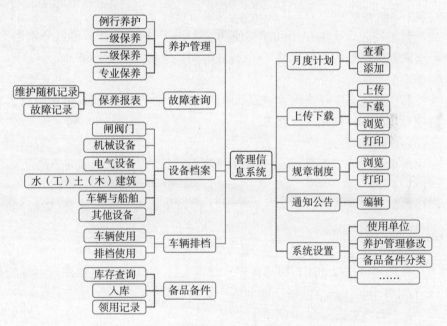

图 9-4 徐州市船闸运行养护管理信息系统架构图

(1) 养护管理

根据维护类别分为例行保养、一级保养、二级保养、专业保养等 4 个小项。在各保养界面中点击添加按钮，系统自动转入相应"保养报表"填写状态，录入人员逐项填写完毕后，如无异常，则可以关闭此报表；如有异常，在报表内的"巡查结果栏"点击"异常",则弹出"维护随机记录",完成填写后再弹出"故障记录",完成后弹出提示填写设备档案。有异常的各级"保养报表",标题自动显示为红色。

(2) 故障查询

系统自动将有故障的巡查记录,按例行保养、一级保养、二级保养、专业保养分类列出"保养报表",点击报表即可查询对应的"维护随机记录"和"故障记录"。

(3) 设备档案

按闸阀门、机械设备、电气设备、水(工)土(木)建筑、车辆与船舶及其他设备分类,点击选择具体设备设施后,系统显示其电子档案,包含影像资料、规格型号、生产厂家和资料文件等基本情况,以及历次维护的详细信息。点击相关功能按钮,用户可以增加修改设备分类,修改设备设施的基本情况,添加维修档案。

(4) 车辆排档

车辆排档包含车辆使用和排档使用 2 个小项,用户选择后可以分别添加、查看车辆和排档艇的每月行驶里程(行驶时间)、维护情况等记录。

(5) 备品备件

备品备件包含库存查询、入库、领用记录这 3 个功能项,用户可通过点击相应选项对备品备件信息进行管理。

(6) 月度计划

用户选择后可以查看、添加各船闸月度运行养护工作计划和完成情况。

(7) 上传下载

用户可通过系统进行船闸运行养护工作相关资料(文字、图片、影像)的上传、下载、浏览、打印操作。

(8) 规章制度

具有管理员权限的用户将相关规章制度上传至系统后,其他用户可以进行浏览、打印操作。

(9) 通知公告

具有管理员权限的用户可以进行通知公告的编辑。编辑完成后直接在系统首页显示标题,点击标题后可浏览其全部内容。

(10) 系统设置

具有管理员权限的用户可以对系统内的相关参数进行设置,如设置系统使用单位,修改"养护管理"中保养项目的类别和内容,确定备品备件的分类等。

此外,系统为不同级别的操作人员提供不同的登录身份,包括超级管理员、船闸管理员、录入员。使用不同身份登录后，系统自动下发相应支持权限，用户可以查询单个或多个船闸的功能菜单以及数据，并进行上传、下载、修改、复制和打印等操作。

9.2.3 小结

（1）系统可以满足江苏省交通厅航道局、徐州市航道管理处、沙集船闸管理所三个层面的操作要求，各项数据均可通过互联网写入数据库，通过固定的 IP 地址登录服务器可实现数据备份、数据恢复功能。通过系统可查询各船闸的各类保养记录，了解设备设施运行状态，查询设备档案以及备品备件库存情况。

（2）能够自动统计各类保养项目的保养次数。发生异常的巡查记录可在"故障查询"菜单内查询相应的巡查记录、维护随机记录和故障记录中的文字、图片信息，了解故障现象及维护处理内容。

（3）可以形成各设备设施的电子档案，同时系统不仅能显示其规格型号、生产厂家、图纸资料等基本情况，用户还可以查询每次维修保养的文档、图片、视频等资料。

（4）系统能够生成一个共享的网上备件库存清单。当某个船闸需要某种备件时，管理员通过查询系统中库存情况，可从其他船闸就近调用，从而节省购置成本。同属一个航道处的船闸，可以按设备种类有重点地采购备品备件，有需要时互相调用，从而减轻各个船闸库存压力，节省养护经费。

（5）各类保养中的巡查保养内容，可以根据船闸设备设施的升级进行调整，保证系统的可持续性。

（6）系统中的表格均能导出生成 A4 幅面的 Excel 文件并打印，有利于运行养护资料的规范化、标准化。

9.3 江苏刘老涧船闸 VFP 数据库船闸养护系统

船闸机电设备是保障船闸的重要基础设施，其维护保养是保证船闸安全正常运行的关键工作。传统的养护工作主要依靠人工进行养护，仅形成纸质记录，未形成系统的电子文档，难以快速检索养护记录。刘老涧船闸管理所研发了 VFP 数据库船闸养护系统，该系统具有检索快捷、查找便利、可靠性高、存储量大、成本低等优点，大大减轻了巡检人员的工作强度，提升了设备维修养护水平，同时也实现了管理模式从"汗水型"向"智慧型"的升级转型。

9.3.1 系统概述

目前，刘老涧船闸为三线船闸。其中一线船闸尺度为 230 m×20 m×4 m，设计年通过量为2 100 万 t;二线船闸尺度为230 m×23 m×5 m,设计年通过量为2 100 万 t;三线船闸建在二线船闸以南距二线船闸中心线80 m 处,闸室有效尺度为260 m×23 m×5 m,设计年通过量为3 400 万 t。近年来,年船舶通过量均超过2.2 亿 t,实际通过量是设计通过量的2.9 倍。由于长时间高负荷运转,船闸机电设备的养护任务极其繁重。船闸机电设备极其复杂,包含机械系统、电器系统和监控系统等,整套系统共有几千个零部件。机械系统主要包括电动机、泵站和发动机组等复杂机械。电器系统主要包括机房配电柜,高压线路和低压线路以及照明和动力备用线路,现场运行控制柜以及各个闸口分散控制系统,PLC 系统,语音广播系统等。微机收费监控系统主要包括中心机房两套主机柜以及分散在各岗位的零星机柜等。收费主机柜主要包括服务器、路由器、交换机、光端机和防火墙等,监控主机柜主要包括硬盘刻录机、流媒体服务器和视频分配器等[81]。

9.3.2 系统组成

(1) VFP 数据库船闸养护系统程序设计的基本概念

VFP 既是一种过程化程序设计语言,又是一种面向对象的程序设计方法。传统的过程化设计即结构化设计,是自顶向下的功能设计,按照事务编排顺序,将一个程序分解成若干个较小的过程,对分解后的单个过程进行程序设计,每个过程都可以独立调试。面向对象程序设计的主要思想是面向对象,即设计的重点目的在于描述对象,这种思维与人类思维类似。程序是事件驱动的,在程序执行过程中,持续等待的是一个发生在对象上的事件,而事件的发生则由用户的操作来决定,如单击、双击鼠标等。程序下一步的流向取决于驱动的事件类型。此类程序设计的主要任务是方便与简化用户操作、由用户掌握程序流向,这在一定程度上提高了编程的难度,往往一个界面都需要花费大量的时间编码。

(2) VFP 数据库船闸养护系统程序设计过程与步骤

养护系统程序设计的基本步骤如下:① 对问题进行具体的分析;② 分解问题;③ 编制各个模块;④ 测试并完善各模块;⑤ 组装全部模块;⑥ 整体测试,见图 9-5。

图 9-5 VFP 数据库船闸养护系统程序设计流程图

(3) VFP 数据库船闸养护系统功能模块

VFP 管理系统模块组成如图 9-6 所示。

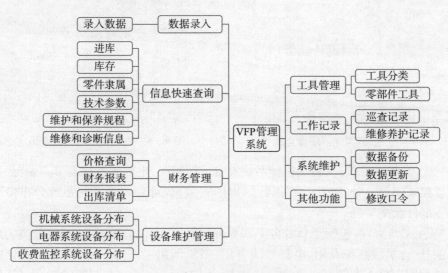

图 9-6 VFP 管理系统模块

VFP 管理系统包含数据录入、信息快速查询、财务管理、设备维护管理、工具管理、工作记录、系统维护和其他功能。

① 数据录入：基础数据在系统设计时完成录入，实时数据根据最新的进库情况分别录入。

② 信息快速查询：主要包括进库情况查询、库存情况查询、零件隶属情况查询、技术参数查询、维护保养规程查询、维修诊断信息查询。进货情况查询可查询到该零件历次进货数量、进货渠道、生产厂家等。库存情况查询可查询到该零件的库存量，当库存量小于设定量时，系统会发出友情提示。零件隶属情况查询可查询到零件用于何种设备的哪个系统或总成。技术参数查询可快速查询到需要的技术参数具体资料。维护和保养规程查询以及维修和诊断信息查询都是快速找到所需要的信息，运行界面分别如图 9-7 和图 9-8 所示。

③ 财务管理：主要包括价格查询、财务报表（含财务日报表、财务周报表、财务月报表、财务季度报表、财务年报表、财务总报表）和出库清单。出库清单是系统发生交易的原始凭证，包括出库的零件代号、零件名称、零件单价、出库数量及本次出库总金额。财务报表能按时间要求提供财务情况报告，其中包括零件代号、零件名称、出库数量、零件单价等。

图9-7 维护和保养规程查询　　　　图9-8 维修和诊断信息查询

④ 设备维护管理：包括机械系统设备分布情况、电器系统设备分布情况、收费监控系统设备分布情况，都以数据树形式呈现，可直观地了解系统分布情况及零部件组成情况。

⑤ 工具管理：包括工具的分类和零部件所用工具的查询。工具可分类为专用工具（含机械系统专用、电器系统专用、微机网络系统专用）和公用工具。零部件所用工具查询就是要维护或修理某一零部件时，通过查询便能知道要带何种工具，会用到何种工具，这样更有针对性，可以节约时间，缩短施工周期。

⑥ 工作记录：包括巡查记录和维修养护记录。

⑦ 系统维护：主要包括数据备份、数据更新。

⑧ 其他功能：包括修改口令和权限设置等，是为了保护数据的安全性和使整个系统的运作更具层次感。

9.3.3 小结

VFP数据库船闸养护系统的信息存储和表达采用多种方式，包括文字、数据、图片、音频影像等。该系统集中保存了船闸管理和养护中的大量技术资料，改变了传统手工管理阶段船闸信息分散、不易查阅和数据易丢失等的状况[81]。养护系统通过信息化手段，存储管养数据和记录，为快速精准解决设备故障和及时按规程对设备进行养护提供了重要依据，极大地增加了刘老涧船闸管理数据的效率，为船闸的安全运行提供了有力保障。

9.4 福建水口船闸条形码巡检系统

福建水口船闸条形码巡检系统是巡检人员使用手携式采集器读取安装在各设备上的条形码数据，在采集器中输入巡检结果并将其上传至数据库以完成设备巡检任务的应用系统。条形码巡检系统自2007年投入使用以来，既减轻了巡检人员重复填写记录的工作量,又提高了数据录入效率,通过将巡检数据入库的方式,提高了设备状态查询效率,保证了设备巡检的质量,为设备安全可靠运行起到了重要作用。

9.4.1 系统概述

系统采用条码巡检定位技术,通过对巡检点和巡检设备编码的方式实现电子化巡检,根据各设备的巡检记录和周期,计算机管理系统自动生成每日或每周的巡检任务,并定时下派至掌上式采集器(简称"采集器")。首先,计算机管理系统根据各设备巡检记录和周期,生成巡检任务并派发至巡检员,同时对每个巡检员设置一条巡检线路。巡检人员只需按照采集器内置的巡检路线来确定需要巡检的位置或设备,并依照采集器的指示对该巡检设备的各个巡检项目进行逐项巡检。同时将巡检结果输入到采集器中,然后将采集器中的巡检记录数据上传至计算机管理系统。通过计算机管理系统可对巡检结果或巡检历史进行综合查询,系统自动对设备状态进行统计分析[47]。

9.4.2 系统组成

(1) 硬件组成

硬件设备包括计算机设备、采集器和条码打印设备。

(2) 软件组成

软件系统主要分为巡检条码计算机管理软件和采集器嵌入式软件。系统采用 B/S 架构设计,数据库采用 SQL SERVER2005,巡检终端选用 SQL MOBILE 解决方案,手持终端与服务器之间通过微软公司的同步通信程序 ACTIVESYNC4.2 进行通信,巡检系统采用.net 语言开发,下位机使用.net 的移动智能设备开发程序开发。

(3) 线路与参数设置

系统需根据现场情况、实际设备情况和班组人员情况设置巡检路线与任务。水口船闸巡检系统共设置 2 条巡检路线:船闸、升船机。在确定巡检路线后根据各班组的不同性质编写各班组的巡检作业指导书。按各班组的分工,分别编写了船闸、升船机巡检作业指导书各 3 份(机械班、电气班与船闸运行)。作业指导书用于规范巡检人员的操作,保证巡检系统路线合理规范。指导书主要内容包含巡检周期、巡检前准备工作(人员要求、危险点分析、安全措施、巡检工具器)、巡检路线图、巡检项目内容及标准、缺陷及异常记录、指导书执行情况评估。路线巡检点的巡检内容依据指导书中的巡检项目内容及标准制定,在系统中按指导书要求设置路线,添加各巡检点名称同时再设置巡检点的参数。

参数有模拟与数字两种。模拟参数只能反映正常或异常,而数字参数则设定一定范围(超出范围的数据为异常)阈值,巡检人员查看设备相关数据后录入,例如:船闸需录入的数字参数有变压器三相绕组温度值、集水井水位值、升船机承船厢水深值等。

(4) 任务周期设定

水口船闸巡检系统按班组性质的不同有 2 种任务周期的设置:运行班组 1 天 1 次巡检,维护班组 1 周 2 次(上半周与下半周各 1 次)巡检。系统在设置周期后会在当天任务下载后自动生成下一周期的任务。每次任务只能在规定时间内下载,任务可在任意时期发布。在正常情况下,系统巡检任务可自动生成,无须人工干预,使用便捷。

(5) 巡检点位牌设置

巡检点设置好后,可为各巡检点编号并打印其条形码,用以制作点位牌。点位牌包含的内容有路线名称、巡检设备点名称、打印好的点位条形码与巡检责任班组。将点位牌粘贴在各处相对明显的墙壁(或设备)上供巡检人员巡检时读取点位数据。

9.4.3 系统安装与使用

(1) 巡检系统的安装

巡检系统的安装主要分 3 大部分:服务器主机、客户端上位机以及客户端下位机(采集器)的安装。服务器主机在安装后进行路线(即任务)与巡检位置参数的设置,统一录入管理人员、巡检人员的职位、工号、密码等基本信息。上位机和下位机客户端安装主要是进行一些参数设置。任务不同即巡检路线不同,需要设置不同的下位机(采集器)来完成。水口航管处总共设 5 台采集器(升船机与船闸运行集控室各 1 台,机电维护班各 1 台,防汛班 1 台),每台安排各自固定的巡检任务。客户端上位机安装时需进行一些必要设置,主要是数据传输的服务器地址、数据库位置以及任务内容。下位机(采集器)安装时也要进行一定前期设置,并确保与客户端上位机的通讯正常。

(2) 巡检系统的使用

巡检人员将采集器连接并用个人工号登录,登录成功后下载当天巡检任务。下载完成后,调出巡检模块便可以开始巡检工作。根据巡检路线前往巡检点,到达目标位置后,对准点位牌上的条形码并按下采集器的扫描按钮,采集器读取条形码上的数据。读取成功后采集器上会出现该点位的巡检内容,巡检人员按照内容提示逐项进行巡检任务,巡检完成后录入巡检结果。模拟量只选择正常与异常,数字量则填入所观察到的数据即可。全部路线巡检完毕后,返回到上位机处连接采集器,直接上传即可。在巡检过程中随时可以查询采集器上已巡检条目和未检条目,便于随时掌握巡检情况,有效避免漏检。

9.4.4 小结

福建水口船闸航管处条形码巡检系统已经平稳运行使用多年,在航管处升船机与船闸应用的4年期间,未出现重大异常。基于条形码技术的巡检系统降低了巡检人员的劳动强度,提高其工作效率,规范其巡检操作,辅助其做好巡检工作,帮助运行人员及时发现设备缺陷(尤其是漏油情况)。该系统将巡检设备情况上传至数据库,方便设备状态查询,为养护维修提供依据,避免设备缺陷扩大导致影响船闸运行的事件发生,为设备安全可靠运行提供了重要保障。

第 10 章 智慧应急案例

10.1 苏北运河船闸机电应急保障系统

10.1.1 建设背景

京杭运河苏北段是重要的水运路段,通过苏北运河(详见 5.2.1 京杭运河苏北段管理案例背景)可以运输砂石、煤炭、各种建材等物资。因此,任何船闸的机电设备一旦突发故障,将增加苏北运河沿线其他各船闸的通航压力,导致苏北运河堵塞甚至断航,严重影响社会经济效益[82]。

通过多年的实践,苏北运河船闸在机电发生故障时的应急保障方面已积累一定的经验基础。船闸管理所在确认机电设备故障突发事件发生后,首先组织本单位人员进行故障处理。当故障较难修复时,则向上级苏北航务管理处汇报并请求支援,同时向其余船闸进行通报。管理处收到汇报后,组织应急抢险人员紧急赶赴现场,会同船闸管理单位进行现场故障分析并进行故障处理。同时苏北运河船闸也在防治突发故障的过程中积累了宝贵的实践经验,并发现以下不足:应对防治突发故障所采取的应急措施缺乏科学的评估机制和预警机制,应急处置信息的报告、通报和公布的过程常发生信息阻滞;采取的应急措施过分依赖临场发挥等。

因此,需依靠计算机和网络通信技术手段,构建高质量、高效率的机电应急保障网络体系,建成覆盖苏北运河航务管理处的船闸应急保障决策系统,建立一套完善的船闸机电应急保障系统,进而实现应急保障现代化、资源化、网络化和科学化,提高苏北运河船闸通航保障能力,确保苏北运河在特殊情况下保证国家电煤等重点物资及时通过。

10.1.2 系统架构及流程

应急保障系统的架构如图 10-1 所示。应急保障系统包括突发故障的应急预案、维修抢险预案以及突发事故的检修方案。应急预案、抢险预案和检修方案都基于应急保障实践经验制定,从故障发现、故障申报、处理指示、故障抢修、故障解决和总结预案等6个环节提高应急保障效率,及时解决故障,恢复船闸的正常生产秩序,减少碍航、断航时间。

应急保障系统从实施角度分为硬件方案、软件方案和应急预案。

船闸机电应急保障系统硬件方案分为机械和电气2个方面。船闸机械部分关键设备主要有液压阀件、活塞杆、油泵电机组、多点润滑泵、减速箱、油缸密封件、移动电站(移动电站是为船闸供电系统彻底瘫痪时而备的一套应急设备)

图 10-1 应急保障系统架构

(见图10-2)。当船闸机械发生重大问题时,对其当前状态进行综合分析,找出问题所在的关键设备,配备相应维修工具。船闸电气系统是发生故障频率较高的环节,电气应急处置装置的关键在于备用电气系统,主要由2台分设在上下游的控制柜组成,利用光纤以太网并配合PLC等内部设备将其构成一个安全稳定的系统。在发生重特大电气事故的情况下,通过切换备用电气装置,单独控制一座船闸、阀门,暂时保证全线所有船闸机电设备保持工作状态,恢复船闸暂时通航。

(a)活塞杆

(b)油泵电机组

(c)减速箱

(d)移动电站

图 10-2 机械部分关键设备示意图

船闸机电应急保障系统软件包括基础信息管理、备品备件管理、预案管理、应急方案管理。将上述方案集中管理,确保在发生故障时能即刻查询到所需信息,如备品存货信息、历史故障信息等,保障机电系统及时恢复。

船闸机电应急保障系统应急预案主要包括对可能发生的故障情况进行科学总结提炼,对船闸、航务管理处两级故障进行综合分析并形成处理纲要,对已发生的故障情况提供有效、快捷的指导。

10.1.3 邵伯船闸应急控制系统

以苏北运河的邵伯船闸应急控制系统为例,阐述应急控制系统的具体方案设计内容。

邵伯三线船闸控制系统的上位机由船闸监控中心的监控主机、数据库服务器、打印机等共同组成,采用集散控制结构实现对船闸集中控制、数据管理、统计报表及打印等功能。下位机由 2 套 PLC 组成,实现对上/下闸首闸、阀门等机械设备现地控制[83]。邵伯船闸控制系统结构见图 10-3。

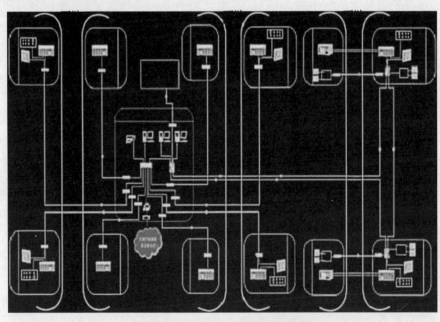

图 10-3 邵伯船闸控制系统结构图

根据船闸控制系统的使用情况及现状,所有船闸均应配备应急控制系统。邵伯船闸基于自身控制系统特点从安全性、可靠性角度考虑,采用简易继电器应急控制系统。该系统以计算机+PLC 集散控制为基础,配置 1 套简易继电器应急控制系统,供主 PLC 系统发生故障的情况下的应急和调试使用,该系统目前在部分小型船闸上有应用。

该系统结构简单,继电器数量少,接线及闭锁关系简单,检修维护容易,可靠性高,成本低。尤其是简易继电器应急控制系统是对常规继电器系统的简化,仅实现对闸、阀门、电机等的基本控制功能。但是该系统的实现功能有限,仅满足应急和调试使用。

船闸应急控制系统作为船闸电气控制系统的重要组成部分,合理选择系统类型可提高系统的可靠性,同时达到方便检修维护、节省工程造价和保障船闸运行安全的现实目的。

10.1.4 系统实施效果

机电应急保障系统针对实际需求开发,目的在于解决苏北运河船闸机电应急保障问题,在船闸机电系统故障原因及处置策略的基础上研发了一套硬件配置合理、软件使用方便的船闸机电应急保障和机电日常维护管理软件,有助于提高机电维护和应急保障的工作效率,进而有效保障机电系统突发事件下船闸的快速复航。

系统采用内部网络和计算机管理,在404 km的区段内实现几十座船闸应急保障快速响应,科学地解决应急难题。系统投入运行后,显著缩短船闸机电设备故障停航时间,大幅增加货物通过量和征收的闸费。与系统投入使用前相比,年度故障抢修时间缩短了298.4 h,全线通过量增加了4 031.38万 t,征收闸费增加1 241.34万元;2009年度,故障抢修时间缩短了

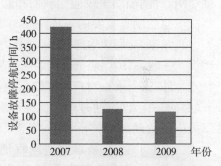

图 10-4 设备故障停航时间对比表

308.9 h,全线通过量增加了4 199.95万 t,征收闸费增加1 328.27万元[51],详细数据见表10-1和图10-4。

表 10-1 机电应急保障系统使用效益对照表

年份	指标		
	设备故障停航时间/h	增加的通过量/万 t	增加的征收闸费/万元
2007	426.7	—	—
2008	128.3	4 031.38	1 241.34
2009	117.8	4 199.95	1 328.27

注:项目总投资额83.4万元。

10.2 三峡船闸应急控制系统

10.2.1 建设背景

三峡水利枢纽是当今世界上规模最大的水利工程之一,运行要求十分复杂。其永久船闸已在2003年6月建成投入运行,升船机于2016年9月18日进入试通航阶段。永久船闸为双线五级连续船闸,是目前世界上水头最高、线路最长、规模最大的内河船闸,技术复杂,运行管理难度大。三峡水利枢纽蓄水后,水库运用、葛洲坝反调节、两坝间流量、水位大变率以及河床下切等因素均对航运安全影响很大,这些因素将成为制约长江航运可持续发展的关键性因素[84]。

"十一五"以来,长江三峡通航管理局陆续提出通航管理服务水平、通航安全保障水平和通航科技研发水平达到国际一流水平的发展目标,并不断丰富其内涵。船闸管理技术现代化应当涵盖船闸管理及其通航保障的各个方面,包括船闸运行、船舶过闸安全监控、船闸设施检查维护、船闸快速检修、船舶过闸调度组织、过闸船舶事故应急救助和船闸综合管理信息化等环节。其中过闸船舶事故应急救助是重要的一环。

近年来,交通运输部、长航局着力加强长江航运水上交通事故应急救助系统建设。三峡、葛洲坝船闸过闸船舶事故应急救助是长江水上交通事故应急救助的特殊一环,应当重点对待,按照现代化的标准建立过闸船舶事故应急救助系统。三峡局前两年已经通过科研课题研究了过闸船舶事故应急救助关键技术,接下来需要转化研究成果,实施项目建设:一是建造闸室遇险人员快速救生装备,二是建造闸室船舶受损救险装备,三是建立快速反应的救援机制。

10.2.2 系统架构

三峡船闸应急控制系统架构如图10-5,系统包含应急组织管理体系、应急信息传递体系、应急预案体系、事故应急救援体系四大体系。

图10-5 应急控制系统架构

10.2.3 系统内容

(1) 应急组织管理系统

为有效地控制和处置突发事故,三峡局针对事故的不同类型构建了相应的指挥机构,各指挥机构负责决策、处置和控制突发事故。其突发事故的处置机构如表 10-2 所示。

表 10-2 突发事故的处置机构表

指挥机构	下属组织
三峡局重特大事故应急救援指挥领导小组	8 个应急专业组
火灾事故应急处理快速行动小组（船闸）	1 个办公室、3 个应急专业小组
三峡水上搜救中心办公室	社会船舶、海事艇
长江三峡通航管理局海难救助指挥部	5 个海难救助专业组
地质灾害水上应急处置领导小组	下设 5 个应急专业组

三峡局突发事件的应急管理是一种基于事故救援的临时管理体制。不同的事故处置和指挥机构采用不同的组织结构，各临时组织由不同的专业小组构成，指挥机构的人员一般由三峡局的主要领导组成，各专业小组的组长由三峡局专业处室负责人担任（三峡局在进行水上搜救的时候，还将社会船舶纳入临时救援小组）。机构也会随着事件的处置完毕而自动撤销[85]。

（2）应急信息传递体系

三峡局重特大事故应急体系的信息传递流程是一个包括从突发事故信息采集和信息传递到地方政府、三峡工程开发总公司等相关单位的过程，涉及的主要部门包括三峡局内部的部门和小组、地方政府、三峡工程开发总公司等。突发事故应急信息采集的流程如图 10-6 所示。

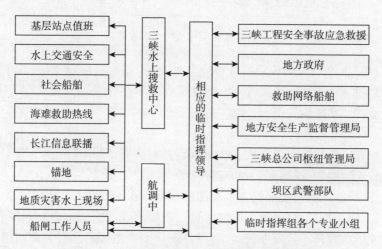

图 10-6 三峡船闸（含水域）事故信息传递流程图

在三峡局的重特大突发事故信息采集流程中，三峡海事局所属的办事处基层站点、社会船舶、长江信息联播系统、海难救助热线、地质水上现场指挥部、船闸工作人员等为信息网络的采集终端,当信息采集完成以后,及时通知三峡水上搜救中心,随后水上搜救中心通知相应重特大突发事故临时指挥小组,并将信息及时通知三峡局以外的相关部门和单位。在信息传递过程中,信息网络终端与三峡水上救援中心以视频和电话形式沟通,临时指挥小组与外部单位联系以电话为主。

(3) 应急预案体系

《三峡通航重特大事故应急预案》由三峡局编制并实施,包括三峡船闸设备重特大事故应急处置预案、三峡船闸过闸船舶重特大事故应急救援预案、三峡船闸过闸船舶火灾应急救援预案(快速行动组)、长江三峡船闸包括引航道水域河段防止船舶撞击三峡大坝工作预案、三峡河段海难救助工作预案和三峡库区地质灾害水上交通安全应急处置工作预案,见图10-7。

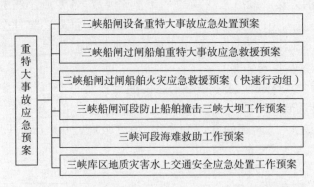

图10-7 三峡通航管理局重特大事故应急预案体系

以上应急预案分别从船闸设备应急处置、船舶火灾应急救援、防止船舶撞击三峡大坝、海难救助、地质灾害水上交通安全应急处置等方面进行了阐述,其结构与基本预案结构类似。

(4) 事故应急救援体系

针对有可能导致人员伤亡、重大水域污染、火灾、爆炸等危及公共安全或公共利益的遇险船舶、设施和人员,包括引航道在内的长江河段内的重特大水上交通事故,长江三峡通航局设立了长江三峡河段水上搜救指挥系统。指挥中心由指挥长、副指挥长、成员单位组成。长江三峡河段水上搜救中心下设办公室,办公室成员由宜昌市政府办公室、宜昌市安全生产监督局和有关部门组成。长江三峡河段水上搜救中心办公室下设值班室,值班室设于长江三峡通航管理局值班室。长江三峡河段水上搜救中心的主要工作为统一指挥在长江三峡河段遇险、遇难的船舶、设施、人员的搜救和紧急处置工作。搜救中心办公室的主要工作为经常性地开展水上交通安全宣传与预防工作，组织制定各类遇险、事故的搜救和紧急处置方案，开展搜救演习，并且按照搜救中心指令调用各方力量，协助指挥长或副指挥长组织指挥水上搜救或紧急处置工作。长江三峡河段水上搜救中心值班室负责昼夜24 h值班接收遇险事故信息，及时向水上搜救中心各部门及上级单位通报，并做好将上级的指令迅速传达到搜救现场及有关单位的联络工作，对重特大事故或险情实行信息跟踪报告制度，收集搜救现场工作情况，详细记录，并整理上报。

针对三峡船闸过闸船舶重特大事故，建有三峡船闸过闸船舶重特大事故应急救援系统，包括成立三峡通航管理局重特大事故应急救援指挥领导小组，在地方人民政府和三峡工程开发总公司的领导、协调下，根据明确的应急救援范围，对重特大事故应急救援，实行统一领导，统一组织，统一指挥，协调作战，共同完成救援任务。指挥领导小组下设办公室，主要负责经常性通航安全宣传及预防工作，组织制定各种救助和紧急处置方案，按照指挥领导小组的指令开展紧急救助演练，负责调用局内救援力量和设备设施，协助组长、副组长组织应急救援或紧急处置工作，认真搞好信息收集、传递和对外发布等工作。三峡通航管理局重特大安全事故应急救援指挥领导小组办公室下设专家组、人员救助和事故抢险专业组、通信保障组、交通运输保障组、宣传报道组、后勤保障组、事故调查组和善后处理组等8个应急专业组。各专业组在指挥领导小组的统一指挥下做出特种装备保障、应急救援反应。

10.2.4 系统总结与展望

三峡通航管理局为了落实通航管理服务水平、通航安全保障水平和通航科技研发水平达到国际一流水平的发展目标，高度重视过闸船舶事故应急救助环节的研究。本案例从三峡船闸应急管理组织体系、应急信息传递体系、应急预案体系、事故应急救援体系的角度多方面分析了三峡船闸应急控制系统的应用现状以及三峡船闸应急控制系统在三峡工程应急方面发挥的重要作用。然而该系统在应急的很多方面仍存在不足，今后还可以进一步解决三峡船闸在应急管理组织、应急信息传递、应急预案、应急救援体系和应急救援资源等方面存在的问题，建立更加有组织、高效率的应急控制系统。

参考文献

[1] 王鹏,卜丁.某船闸工程船闸闸室结构优化设计[J].水运工程,2012(9):142-144.

[2] 王作高.船闸设计[M].北京:水利电力出版社,1992.

[3] 黄伦超,陶桂兰.渠化工程学[M].北京:人民交通出版社,2016.

[4] 张华,吴凤平,王春燕,等.船闸运行调度管理模式综合评价分析[J].交通标准化,2006(10):163-166.

[5] 刘冬山,曹艳华,韦晓蕾,等.泰州引江河高港枢纽二线船闸工程项目划分[J].江苏水利,2015(B12):35-36.

[6] 江苏省水利厅.泰州引江河二线船闸建设纪实[EB/OL].2014-07-10.http://www.jswater.gov.cn/art/2014/7/10/art-23-45610.htm/.

[7] 朱磊.闸底长廊道输水系统双明沟细部优化的数值模拟研究[D].重庆:重庆交通大学,2016.

[8] 余绍明,曹雄.船舶过坝调度计划的优化编排方法[J].交通与计算机,1997,15(5):65-67.

[9] 卢方勇,齐欢,曹杰.永久船闸运行闸室编排调度计算机应用与研究[J].计算机应用与研究,2000,6:65-67.

[10] 赖炜,齐欢.三峡船闸运行调度中的多属性决策问题[J].控制与决策,2002,17(2):163-166.

[11] 马丽佳,陈一梅.一种基于经济寿命理论的船闸大修周期确定方法[J].水运工程,2010(3):121-125.

[12] 高雄.葛洲坝船闸计划性大修实践[J].水运工程,2001(5):5-9.

[13] 李霞.广西船舶过闸费管理问题研究[D].西安:长安大学,2014.

[14] 尹思宏,魏超.江苏省内河航道船闸发展趋势分析[J].交通科技,2014(5):159-160.

[15] 陆维让.赴俄考察内河航道的启示[J].江苏交通,2000(8):26-28.

[16] 赵阳,王国伟.智能化集中控制在智慧船闸建设中的应用探索[J].中国水运(下半月),2016,16(2):124-126.

[17] 陈才君,柳展,钱小鸿,等.智慧交通[M].2版.北京:清华大学出版社,2011.

[18] 尹凤阳.基于贝叶斯网络的船舶过闸风险评价研究[D].武汉:武汉理工大学,2011.

[19] 陈驰.船舶碰撞问题研究综述[J].东北水利水电,2016,34(4):67-71.

[20] 李利强.浅谈船闸区域船舶碰撞事件的防范与处理[J].红水河,2009,28(6):92-95.

[21] 王辉,吴越,章建强,等.智慧城市[M].北京:清华大学出版社,2010.

[22] 水利部关于印发加快推进新时代水利现代化的指导意见的通知[R].中华人民共和国水利部公报,2018(1).

[23] 江苏省水利厅.奋力开创新时代江苏水利工作新局面[EB/OL].2018-02-09.http://jssslt.jiangsu.gov.cn/art/2018/2/9/art_42318_7485129.html.

[24] 冯发旗,邹颖霄.基于物联网的海关三位一体船舶监管体系研究与实现[J].现代电子技术,2014(6):83-87.

[25] 武小平.船舶制造信息化业务平台数据层设计及管理方案研究[D].哈尔滨:哈尔滨工程大学,2011.

[26] 李贤毅,邓晓宇.智慧城市评价指标体系研究[J].电信网技术,2011(10):43-47.

[27] 薛毅.船闸管理评价模型研究[J].中国水运(下半月),2013,13(7):61-62.

[28] 邱文昌.船舶货运[M].上海:上海交通大学出版社,2015.

[29] 吴在林.浅谈船闸的运行管理问题[J].治淮,2011(11):42-43.

[30] 刘曙明,张复全.船闸计算机监控系统的设计与实现[J].交通科技,2012(6):72-75.

[31] 陈刚.视频监控系统在船闸中的应用[J].制造业自动化,2005,27(5):70-73.

[32] 徐祖亮.船闸管理技术手段现代化探析[J].中国水运,2011(1):34-35.

[33] 王宁.智能化船闸管理信息系统的构想[C].中国航海学会船闸专业委员会年会,2008.

[34] 江苏高港船闸有限公司.高港船闸电子收费系统技术报告[R],2016.

[35] 朱延虎.新形势下的船闸管理如何充分发挥办公室功能[J].办公室业务,2013(10):51.

[36] 国网信息通信有限公司.协同办公系统[J].办公自动化(综合版),

2010(9):4-7.

[37] 陈明辉,盛黎.苏北运河船闸智能排档调度研究及应用[J].中国水运(下半月),2016,16(4):75-77.

[38] 吕彤.船舶检验与船舶安全检查相关问题的解析[J].经贸实践,2015(9):89-90.

[39] 肖峰.水上交通安全风险及其船籍港安全管理机制[J].中国水运,2016,37(10):38-39.

[40] 丰玮,李芬,王迅.基于激光传感器的内河船舶交通量观测系统的研究与应用[J].中国水运(下半月),2012,12(2):61-63.

[41] 沈世宏.基于激光传感器的船舶特征提取和流量检测[D].南京:南京理工大学,2013.

[42] 罗宁.内河船舶吃水自动检测装置研究及应用前景[J].中国水运(下半月),2012,12(2):86-88.

[43] 骆国强,朱汉华,陈一奇,等.手持式智能船舶吃水及载重测量仪研制[J].船海工程,2007,36(6):26-29.

[44] 陆雷,熊木地,高云飞,等.升船机内船舶吃水检测系统研究[J].人民长江,2017,48(20):67-70.

[45] 储新隆.单波束声呐在内河过闸船舶吃水深度测量上的应用[J].交通科技,2016(1):171-172.

[46] 彭凯敏.对船闸的管理方法与养护对策分析[C].中国航海学会船闸专业委员会2014年学术交流会,2014.

[47] 杨艳慧.关于船闸的管理及养护措施分析[J].城市建设理论研究(电子版),2017(5):211.

[48] 赵伟娜,穆兴兴,王进.船闸预防性养护决策理论[J].中国水运(下半月),2015,15(4):219-221.

[49] 江苏省交通船闸应急保障中心管理办法.2015.

[50] 余向阳,王希强.船闸机电应急保障系统[C].中国航海科技优秀论文集,2010.

[51] 钟书华.物联网演义(二)——《ITU互联网报告2005:物联网》[J].物联网技术,2012,2(6):87-89.

[52] 王建强,李世威,曾俊伟.车联网发展模式探析[J].计算机技术与发展,2011,21(12):235-238.

[53] 刘占省,赵明,徐瑞龙.BIM技术在我国的研发及工程应用[J].建筑技术,2013,44(10):893-897.

[54] 李昂,石振武.BIM 技术在建筑工程项目中的应用价值[J].经济师,2014(1):62-64.

[55] 田倩飞,张志强.人工智能 2.0 时代的知识分析变革研究[J].图书与情报,2018(2):33-42.

[56] 何立民.人工智能的现状与人类未来[J].单片机与嵌入式系统应用,2016,16(11):81-83.

[57] 师海风.基于神经网络的北溪南港船闸故障诊断专家系统研究[D].福州:福州大学,2004.

[58] 付孙钟.几种常用坐标系间的坐标转换[J].测绘技术装备,2003,5(3):30-31.

[59] 张桂荣,钱江,顾宋华,等.基于高斯混合模型的运动物体识别技术在高港船闸船舶进闸复核中的应用[J].中国水运(下半月),2017,17(5):73-74.

[60] 全国信息技术标准化技术委员会 SOA 分技术委员会,工业和信息化部电子工业标准化研究院.智慧城市实践指南[M].北京:电子工业出版社,2013.

[61] 李定国,陈学文.信息化"顶层设计"助力数字三峡智能通航——浅析三峡坝区通航管理综合信息系统工程建设成效[J].中国水运,2014(2):40-41.

[62] 曹光荣,曹仲,尹利霞.三峡船闸的运行管理[J],水力发电,2009,35(12):52-54.

[63] 程大章.智慧城市顶层设计的实践[C].第九届城市发展与规划大会论文集,2014.

[64] 王俊锋.三峡—葛洲坝通航调度信息系统的设计与实现[D].武汉:华中科技大学,2006.

[65] 杜经农,陈淑楣.三峡工程两坝联合调度辅助决策系统的研究与实施[J].交通与计算机,2002,20(5):40-44.

[66] 高雄.三峡工程二期两坝船舶统一调度的初期实践[J].中国水运,2000(5):31-32.

[67] 傅杰,李仁发.基于权值的优先调度算法[J].系统仿真学报,2005,17(10):2549-2551.

[68] 肖恒辉.三峡—葛洲坝联合通航调度问题的研究[D].武汉:华中科技大学,2008.

[69] 陈明辉,盛黎.苏北运河船闸智能排档调度研究及应用[J].中国水运(下半月),2016,16(4):75-77.

[70] 黄剑,李颖.广西右江鱼梁航运枢纽工程对河道演变影响分析[J].珠江现代建设,2012(6):5-9.

[71] 夏智娟,朱静华,郑慧娟,等.广西右江鱼梁船闸调度管理系统设计[J].水电与抽水蓄能,2013,37(3):65-68.

[72] 余锦超.基于 AIS 的船闸调度关键技术在清远水利枢纽中的应用[J].航海技术,2017(4):66-71.

[73] 余向阳,陈伟伟.基于激光的船舶超高检测预警系统方案[J].电气时代,2009(9):118-120.

[74] 常致.船闸视频与控制联动单人智能值守系统研究[J].交通科技,2017(2):155-156.

[75] 赵建,杨正,陈佳,等.船闸超闸室警戒线报警装置应用探讨[J].中国水运(下半月),2015,15(12):130-131.

[76] 罗孝兵,刘冠军,汤祥林,等.三峡船闸安全监测自动化系统建设[J].水电自动化与大坝监测,2011,35(1):46-50.

[77] 齐俊麟.依托信息化与诚信报告制度强化三峡船闸安全检查[J].交通企业管理,2016,31(12):62-64.

[78] 南航,张义军.三峡—葛洲坝船舶监管系统在船舶过闸管理中的应用[J].价值工程,2010,29(32):180-181.

[79] 丁继东.船闸维修保养研究[J].江苏科技信息,2016(1):77-78.

[80] 高治国.船闸运行养护管理信息系统的研发与应用[J].河南科技,2017(5):37-38.

[81] 唐桂刚.VFP 数据库在船闸设备及监控系统维修养护中的应用[J].工业控制计算机,2007(12):54-55.

[82] 李书恒,郭伟.京杭大运河的功能与苏北运河段的发展利用[J].第四纪研究,2007,27(5):861-869.

[83] 刘轰,季锦章,王瑞.邵伯三线船闸应急控制系统分析及应用[J].交通科技,2012(6):76-77.

[84] 万红.三峡水利枢纽船闸管理体制研究[D].武汉:武汉理工大学,2003.

[85] 倪鹏.风险管理技术在三峡船闸通航安全应急反应关键技术研究中的应用[D].北京:北京邮电大学,2008.